JUAN CARLOS KREIMER

ZEN IN DER KUNST DES FAHRRADFAHRENS

GLÜCK AUF ZWEI RÄDERN FÜR STADT UND LAND

Vorwort von Joan Garriga Bacardí

Aus dem argentinischen Spanisch von Sarah Heidelberger

Besuchen Sie uns im Internet:
www.AmraVerlag.de

Ihre 80-Minuten-Gratis-CD erwartet Sie.
Unser Geschenk an Sie ... einfach anfordern!

Argentinische Originalausgabe:
Bici Zen. Ciclismo urbano como meditación

Deutsche Erstausgabe im AMRA Verlag
Auf der Reitbahn 8, D-63452 Hanau
Hotline: + 49 (0) 61 81 – 18 93 92
Service: Info@AmraVerlag.de

Herausgeber & Lektor	Michael Nagula
Einbandgestaltung	Guter Punkt
Layout & Satz	Birgit Letsch
Druck	CPI books GmbH

ISBN Printausgabe 978-3-95447-257-4
ISBN eBook 978-3-95447-258-1

Copyright © 2011/2016 by Juan Carlos Kreimer
Originally published by Editorial Planeta Argentina
Licensed by Agreement with Guenter G. Rodewald via
Findhorn Press, Scotland, and Agency Montse Cortazar
Copyright der deutschen Lizenz © 2020 by AMRA Verlag

Alle hier vorgestellten Informationen, Ratschläge und Übungen sind natürlich subjektiv. Sie wurden zwar nach bestem Wissen und Gewissen geprüft, dennoch übernehmen Verfasser und Verlag keinerlei Haftung für Schäden gleich welcher Art, die sich direkt oder indirekt aus dem Gebrauch der Informationen, Ratschläge oder Übungen ergeben.

Alle Rechte der Verbreitung vorbehalten, auch durch Funk, Fernsehen und sonstige Kommunikationsmittel, fotomechanische, digitale oder vertonte Wiedergabe sowie des auszugsweisen Nachdrucks. Im Text enthaltene externe Links konnten vom Verlag nur bis zum Zeitpunkt der Buchveröffentlichung eingesehen werden. Auf spätere Veränderungen hat der Verlag keinerlei Einfluss. Eine Haftung des Verlags ist daher ausgeschlossen.

INHALT

Vorwort
Wenn ich Fahrrad fahre, fahre ich Fahrrad   9

Einführung
Ein wunderbares Gefühl des Nichts   21

TEIL I

So vieles spricht fürs Fahrradfahren
Das Phänomen, die Möglichkeit   27

Der Fahrradfahrer im Stadtverkehr   29
    Die Vorfahren des Zweirads   30
    Kultobjekte   33
    Das Unmerkliche   36
    Netzbewusstsein   39
    Das Unübertragbare   40
    Das Fahrrad als Phänomen   45
    Die Stadt als Ort   57
    Die unsichtbare Gemeinschaft   61
    Mit dem Wind treiben   65

TEIL II

Ich feiere das Fahrrad in dir
Die Praxis, der Genuss   67

Einfach fahren   69

Mit offenen Augen fahren   71
Die ewige Gegenwart   79
Kontaktaufnahme   87
Ohne weiter zu gehen   90
Der Punkt, an dem sich alles fügt   94
Zulassen, dass es geschieht   101
Ohne jede Absicht   107
Eine bewusste Praktik   111
Energie, erwache!   117
Einklang zwischen dem Fahrrad und dir herstellen   118
Vom Lernen lernen   122
Ruhen in der inneren Mitte   123
Mensch – Rad – Weg   128
Ein Bewusstsein, das über Worte hinausgeht   129
Ent-Identifizierung   130
Alles ist so sehr ES, wie es nur sein kann   135
Der Alltag als Weg   141
Nirgendwo   143

TEIL III

Erfahrungswerte
Die Pflege, die Bedeutung — 147

Die richtige Fahrweise — 149

   Richtig in die Pedale treten — 151
   Sehen und Vorhersehen — 155
   Atmung — 158
   Umsichtiges Fahren — 160
   Der innere Kodex — 161
   Ein untadeliger Zustand — 165
   Das Vorher und das Nachher — 167
   Es pflegen heißt, dich selbst pflegen — 168
   Kausale Logik — 172

Epilog 1 — 174
   Meine sieben Fahrräder — 174

Epilog 2 — 187
   Ein weltliches Zen — 187

Bibliografie — 196
Danksagung — 199
Über den Autor — 201

»Den Reichtum eines Menschen kann
man daran messen, was er entbehren kann,
ohne seine gute Laune zu verlieren.«

[H. D. Thoreau]

»Anspannung ist, wer du denkst,
dass du sein musst.
Entspannung ist, wer du bist.«

[Sprichwort aus dem Zen]

VORWORT

Wenn ich Fahrrad fahre, fahre ich Fahrrad

Es ist für mich zu einer Art Ritual geworden, mich jeden November, wenn ich mich in Buenos Aires aufhalte, in einer Bar auf der Plaza Serrano in der belebten Nachbarschaft Palermo mit Juan Carlos Kreimer zu treffen. Normalerweise kommt er mit dem Fahrrad, auf dem Kopf eine blaue Kappe, das rechte Hosenbein unten mit einer Klammer festgezurrt, um es vor Öl und Schmierfett von der Kette zu schützen.

Es besteht keinerlei Zweifel, dass Juan Carlos eine lange und besondere Beziehung zu seinem Fahrrad pflegt. Er berührt es mit einer Zuneigung und Vertrautheit, die mich an jene Paare erinnert, die auch nach langen gemeinsamen Jahren noch immer echtes Interesse aneinander haben und ein so inniges und natürliches Miteinander leben, als wären sie nicht zwei Personen, sondern eine. Nun wäre es übertrieben zu behaupten, dass Juan Carlos und sein Fahrrad eins sind, aber dass sie zwei sind, würde ich auch nicht sagen wollen. Was die beiden verbindet, ist etwas ganz Besonderes.

Ich kenne Juan Carlos seit rund dreißig Jahren und habe immer wieder beobachten können, mit welcher Leidenschaft und Energie er sich den Dingen widmet, die er liebt und die ihn bewegen. Und so wundert es mich überhaupt nicht, dass er beschlossen hat, ein Buch über das Fahrradfahren zu schreiben und über Zen, denn fraglos ist er in Bewusstseinsfragen ein Suchender, der sich mit den Mysterien zahlreicher therapeutischer und spiritueller Pfade auseinandergesetzt hat. Vor allem eins aber ist offensichtlich: sein Talent, Wissen aus so unterschiedlichen Quellen und Bereichen zu einem Ganzen zusammenzufügen.

Ich lernte ihn kennen, als er Herausgeber der Zeitschrift *Uno Mismo* war. Darin publizierte er einen meiner ersten Artikel. Das machte mir viel Mut, denn im Titel bezeichnete ich Therapeuten als »Priester« und »Prostituierte« – im Kontext der Psychotherapie recht unorthodoxe Begriffe. Ich bin Juan Carlos bis heute dankbar für die Veröffentlichung, da ich mit dem Großteil der Texte, die ich bis dahin geschrieben hatte, nicht sonderlich zufrieden gewesen war und zu meiner Überraschung und zu meinem Unglauben feststellen durfte, dass mir meine Kollegen nach dieser Veröffentlichung mit mehr Achtung begegneten, für mich ein völlig neues Gefühl.

Später ging Juan Carlos ans Institut Gestalt in Barcelona, wo er ein Seminar mit dem Titel *Rehacerse hombre,* also etwa »Wieder zum Menschen werden«, gab, was auch der Titel eines seiner Bücher ist. Dieses Thema, das Thema des »Menschseins«, bildete mehrere Jahre lang das Zentrum seiner Aufmerksamkeit und seines Interesses. Ich hatte immer den Eindruck, dass er über ein äußerst zuverlässiges inneres Radar verfügt, der ihn antreibt und dazu bewegt, sich für eine Vielzahl an Themen zu interessieren, die vor allem eins gemeinsam haben: Bei allen handelt es sich um hilfreiche und transformierende Gedankenschulen und Handlungsweisen.

Mit den Jahren wuchs zwischen uns eine vertrauensvolle Freundschaft, eine von den Freundschaften, deren Stärke und Schönheit in der Distanz liegt und die (vermutlich gerade deswegen) als umso wertvoller und großzügiger empfunden werden – eine dieser brüderlichen Verbindungen, die einen auf seiner Lebensreise begleiten und für die man aufrichtig dankbar ist. Montaigne hatte so recht, als er schrieb: »Es gibt keine größere Einöde als ein Leben ohne Freunde. Wahre Freundschaft multipliziert das Gute im Leben und dividiert das Schlechte. Sie ist das einzige Heilmittel gegen Pech und eine Erholung für die Seele.«

Da kommt er nun also auf seinem Fahrrad. Wir begrüßen einander, setzen uns in unsere Bar oder in ein Café, unterhalten uns eine Weile über die Realitäten des Lebens, über Projekte, Interessen, die Liebe, über Übergangsphasen, Kümmernisse und verschiedene Lebensabschnitte, und wir hören einander zu und sprechen über praktische Möglichkeiten, wie wir uns das Leben leichter machen könnten. Vor allem aber bekräftigen wir uns in dem Wissen, dass da jemand ist. Dann verabschieden wir uns bis zu unserem nächsten Wiedersehen, und ich sehe ihn davonradeln, mit seiner blauen Kappe, seinem Lächeln und seiner zufriedenen Ausstrahlung auf seinem Fahrrad. Oder ich begleite ihn einige Häuserblöcke weit irgendwohin, wie beim letzten Mal, als er mich zu dem Zentrum nahe der Plaza Serrano mitnahm, in dem er anderen dabei hilft, zu schreiben und sich selbst durch das Schreiben besser kennenzulernen – noch so eine von seinen Spezialitäten.

Mein schlechtes Gedächtnis verwehrt mir leider die Erinnerung, ob er mich während eines dieser Gespräche in einem Café oder in einer eMail bat, einen Text meiner Wahl zu schreiben, der diesem Buch als Vorwort dienen sollte. Ich sagte voller Enthusiasmus zu – aus Freundschaft, wegen unserer Bruderschaft, vor allem aber, weil ich an ihn glaube. Und für mich ist es von großer Bedeutung, ob ich an jemanden oder etwas glaube. An jemanden zu glauben bedeutet für mich, darauf zu vertrauen, dass dieser Mensch stets aus einer Haltung der Güte heraus handelt. So gehe ich auch im Umgang mit Therapeuten vor. Ich brauche nicht zu sehen, wie sie arbeiten. Es reicht mir, sie kennenzulernen, um zu wissen, ob ich Vertrauen in sie habe. Aber wovon hängt das ab? Ich schätze, von so ausgesprochen unwissenschaftlichen Dingen wie dem Eindruck, dass sie aus einer Haltung des Wohlwollens, dem spontanen Wunsch heraus handeln, dass es anderen gut gehen soll. Der Rest – ihre Arbeit – ist nicht viel mehr als eine Erweiterung oder Ergänzung dieser Eigenschaften.

Und welchen Eindruck hatte dieses Buch auf mich gemacht. Nach dem Lesen fragt man sich unwillkürlich, ob der Inhalt denn nun weltlicher Natur ist und praktisch angewandt werden soll oder eher dem dient, was man als »transzendentales Ich« bezeichnen könnte. Befasst es sich Buch mit den Stimuli, die mit den Alltagsangelegenheiten zusammenhängen, oder geht es um spirituelle Angelegenheiten? Auf gewisser Ebene lautet die Antwort: beides. Es ist eine Mischung aus einer Einladung, das Leben auf zwei Rädern zu genießen – dieses Mysterium des Einfach-am-Leben-Seins, das wir mit etwas Glück als »kostenlose« Gabe erleben dürfen – samt einer Menge praktischer Ratschläge über die Kunst des Fahrradfahrens und der Nahrung und Poesie für den Geist, die der gewaltigen Weisheit des Zens innewohnt.

Zen in der Kunst des Fahrradfahrens schlägt uns vor, einfach einmal alles loszulassen, auf das wir uns sonst fixieren, und stattdessen einen Zustand der Aufmerksamkeit, Leere, gedanklichen Aufgeräumtheit, des Nichtstuns, der Achtsamkeit und vollständigen Präsenz anzunehmen – und des gesteigerten Mitgefühls, das mit dieser Haltung einhergeht und für uns unweigerlich in größerer Glücklichkeit mündet, auch wenn wir gar nicht bewusst nach ihr gesucht hatten.

Es steht außer Frage, dass Mitgefühl hier von wesentlicher Bedeutung ist. Wir sollten nicht vergessen, dass sich der Buddhismus vom minderen Fahrzeug, dem *Hinayana*, zum großen Fahrzeug, dem *Mahayana*, entwickelte, von dem Zen wiederum eine Unterströmung ist, und sich stetig auf das Ideal des *Bodhisattva* zubewegt: dem Handeln zum Guten aller Lebewesen. Für den Praktizierenden ist es nicht genug, selbst befreit zu werden und die Buddhaschaft zu erreichen – der erwachte Geist ist liebevoll, mitfühlend, großzügig und altruistisch und strebt danach, dafür zu sorgen, dass alle Wesen ein Verständnis für ihre wahre Natur erlangen und sich von den Fesseln des persönlichen Ichs lösen, die sie an einen Zustand des Leids ketten.

Doch auf einer anderen Ebene lässt sich die Antwort auf die Frage, worum es in diesem Buch letztlich geht, auch in dem Wissen finden, dass es Himmel und Erde, Geist und Materie, Körper und Seele, alltägliches und transzendentes Bewusstsein, Entstehen und Vergehen vielleicht gar nicht gibt – dass all das ein und dasselbe ist und wir von der Dualität zur Einheit voranschreiten. Es mag stimmen, dass der rationale Verstand mit seiner logischen, trennenden Art zu dominant werden kann. Aber es stimmt genauso, dass wir Menschen gleichzeitig von einer Sehnsucht angetrieben werden, die intuitiv weiß, dass da noch eine andere Quelle ist, eine andere Realität, eine andere, alles einende Logik. Auf dieses Sein hinter der Welt spielte der Wissenschaftler und Nobelpreisträger Niels Bohr an, als er sagte: »Eine oberflächliche Wahrheit ist eine Aussage, deren Gegenteil falsch ist. Eine tiefgreifende Wahrheit dagegen ist eine Aussage, bei deren Gegenteil es sich ebenfalls um eine tiefgreifende Wahrheit handelt.«

In diesem Buch erfahren wir, welche Hinweise uns das Fahrrad und das Fahrradfahren für unseren Weg der inneren Erfahrung geben können, wie es uns dabei unterstützt, mehr Frieden und Gelassenheit zu erlangen und unsere Sehnsucht zu stillen. Wir gewinnen eine neue Perspektive auf das Fahrrad, das übrigens von Leonardo da Vinci erdacht und erstmals gezeichnet wurde, und können es als Symbol und Metapher betrachten. Vielleicht wird es deshalb von Tag zu Tag häufiger benutzt. Weil die Menschen das unbewusst erkennen. Was das Fahrrad repräsentiert, lockt immer neue Rekruten an.

Das Fahrrad steht dafür, Widerstand zu leisten, die Dinge zu vereinfachen, zu entschleunigen, präsent zu sein, zu sehen, zu fühlen und in Kontakt mit sich selbst und dem Leben zu bleiben. Es steht symbolisch für ein Prinzip, das aus einer Reihe von Werten und Empfindungen besteht, etwa, mit der Natur zu harmonieren, für Gesundheit, Fürsorge, Respekt, Einfachheit, Menschlichkeit und den menschlichen Lebensrhythmus, Vergnügen, Kindlichkeit und Neugierde, Gleichgewicht, Selbstvertrauen und Umweltbewusstsein. Ja, vergessen wir nicht das Umweltbewusstsein. Die Nutzung des

Fahrrads trägt fast gar nicht zur Umweltverschmutzung bei, sie ist gewaltfrei, sondert keine giftigen Gase ab. Und in seiner Pflege und Reparatur kann man sich nahezu autark fühlen, weil die Mechanik eines Fahrrads einfach ist und nicht von großen Unternehmen oder hochspezialisierten Fachleuten abhängt. Fahrradgeschäfte bleiben oft kleine Unternehmen, die ein Gefühl von Handarbeit, von Familienbetrieb, von Kundenfreundlichkeit verbreiten.

Und um die Analogie des Fahrradfahrens als etwas Nicht-Umweltschädliches und im Gegenteil sogar *Reines* noch auf die Spitze zu treiben: Wenn man Fahrrad fährt und vom Flow dieser Tätigkeit mitgerissen wird und sich eins mit dem Fahrrad und seiner Umgebung, dem Hier und Jetzt, fühlt, dann wird in gewisser Weise auch der Verstand von Nebel und Giftstoffen befreit und gereinigt. Er wird leer wie ein wolkenfreier blauer Himmel und klart auf. Der Fahrradfahrer lächelt. All die Raster und Residuen, die durch Denken zu den »Meinungen«, »Beurteilungen« und »Unterschieden« werden, aus denen sich unser Weltbild zusammensetzt, lösen sich auf oder relativieren sich zumindest. Paradoxerweise ist es ja gerade unsere Vorstellung, unser Bild von der Welt, die uns von ihr trennt. Deshalb ist es so wichtig, all das loszulassen und sich zu reinigen.

Im Neuen Testament heißt es in Markus 8:35, in dieser Welt zu sterben, bedeute, das ewige Leben zu erlangen: »Denn wer sein Leben retten will, wird es verlieren; wer aber sein Leben um meinetwillen und um des Evangeliums willen verliert, wird es retten.« Wie schön sie ist, die Vorstellung, auf dem Fahrrad zu sitzen, in Bewegung zu sein und dabei eine feststehende und ewige Gegenwart zu erleben, leer und befreit von uns selbst (in gewisser Weise also »tot«) – während uns die Zukunft entgegenkommt und mit all ihrer Launenhaftigkeit in sich aufsaugt.

Wie gesagt enthält dieses Buch Nahrung und Poesie für den Geist. Die Lektüre bewegte mich dazu, noch einmal das Gedicht *Shinjinmei* (auf Deutsch etwa »Glaubensgeist«) von Meister Sengcan zu lesen, dem dritten Zen-Patriarchen. Wieder einmal war ich vollkommen hingerissen von diesem wunderbaren und geheimnisvollen Gedicht: »Wenn du noch die kleinste Unterscheidung triffst, werden Himmel und Erde unendlich weit voneinander getrennt«, so heißt es darin über das Thema Reinigung.

Was Singularitäten, Unterscheidungen oder Bewertungen hervorbringt, ist das Denken, das sich vom »kontemplativen« Denken entfernt, um mit seiner konzeptuellen Axt die Realität zu unterteilen (um nicht zu sagen: zu zerstückeln). Auf diese Weise hören Himmel und Erde, Licht und Dunkel, Oben und Unten, Form und Leere auf, ein und dasselbe zu sein. Wir treten ein in die Dualität, die Dichotomie, die Dialektik. Das »Ich« etabliert sich und errichtet sich selbst dabei ein Gefängnis. Zen ist Methode und Ziel zugleich. Es ist kein Mittel zum Zweck, sondern Mittel und Zweck gleichermaßen. Es trägt das Potenzial in sich, die Wände unseres persönlichen Kerkers niederzureißen.

Und noch einen Aspekt hat dieses Buch – den der Erinnerungen: So führte es mich zurück in meine Vergangenheit mit Zen. Wenn ich an kalten und langweiligen Abenden in Pamplona die dummen Baracken verlassen durfte, in denen ich meinen dummen Militärdienst ableistete, las ich Suzuki Shunryū. Ich bin sicher, dass ich damals nicht viel davon begriff, aber das war mir gleich, weil mir die bloße Lektüre schon das Gefühl gab, lebendiger zu sein, stärker bei mir selbst oder etwas in der Art, und es war ein wirksames Gegenmittel für die Zeitverschwendung und Bedeutungslosigkeit meines Militärdienstes. Heute glaube ich, dass ich damals, ohne mir dessen vollständig bewusst zu sein, durch das Verlangen nach Transzendenz und Weisheit motiviert wurde, das meiner Ansicht nach in uns allen lebt und pocht.

Die Lektüre führte mich aber auch zurück in meine Vergangenheit mit Fahrrädern: Beim Lesen fluteten mich Erinnerungen an meine Kindheit auf dem Land. Meine Familie war sehr, sehr groß, und ich erinnere mich deutlich an das eine kleine Kinderfahrrad, das in dem Bauernhaus meiner Großeltern stand, und die Gefühle, die ich mit ihm verband. Es wurde von einer gewaltigen Anzahl an Cousins und Cousinen benutzt, die alle ihre dreihundert ruhmreichen Meter darauf fahren wollten, ehe sie es voller Bedauern, Unwillen und Neid an das nächste Kind weiterreichen mussten. So viele Geschwister, Cousins und Cousinen, wie wir waren, mussten wir zwangsläufig Großzügigkeit, Respekt und Teilen lernen. Aber das Verlangen und das Vergnügen, die mit dem Fahren auf diesem Rad einhergingen, waren unbeschreiblich: den Weg entlang zu strampeln, flankiert von Mandelbäumen und Schilf, bis man die Grenze des Sicheren und Erlaubten erreichte: die Bahnschienen, die durch das kleine Dorf verliefen.

Auch an das gigantische, gelborange lackierte alte Fahrrad meines Großvaters musste ich wieder denken. Wenn wir vor dem Café beim Park, in dem er immer Kaffee trank und Karten spielte, sein Fahrrad entdeckten, liefen wir manchmal los, um ihn zu fragen, ob wir damit herumfahren durften. Wir mussten erst auf den Rahmen klettern, um den Sattel zu erreichen und in die Pedale treten zu können, natürlich ebenfalls wieder abwechselnd. Später, in meiner Jugend, erlebte ich das wunderbare Vergnügen, mit einer Gruppe von Freunden auf den Wegen herumzufahren, die die Felder umgeben.

Heute fällt mir auf, dass ich mir erst als Erwachsener mein erstes eigenes Fahrrad kaufte, in Barcelona, als ich zwanzig war. Ich muss zugeben, dass ich es mit der Angst bekam, nachdem ich es eine kurze Zeit im Stadtverkehr benutzt hatte und überzeugt war, dass es eine konkrete Gefahr für mein Leben darstellte. Zum Glück haben sich die Zeiten geändert, und heute gibt es mehr und mehr Fahrradwege und mehr und mehr Menschen, die sich mit dem Rad in den Stadtverkehr trauen. Was sie lockt, sind die Stressreduktion und die gesundheitlichen Vorteile, die mit dem Radfahren einhergehen, wofür inzwischen auch viele Städte ein Bewusstsein gewonnen haben.

Ich danke Juan Carlos für seine Worte, die all diese schönen Erinnerungen in mir wiedererweckt haben, die unter einer dicken Schicht aus Pflichten und Verantwortungen begraben gewesen waren. Das wiederum erinnert mich an die weisen Worte von Eduardo Galeano, dem großen uruguayischen Schriftsteller: »Leben nur, um zu leben, so wie der Vogel singt, ohne zu wissen, dass er singt, oder das Kind spielt, ohne zu wissen, dass es spielt.« Und noch etwas muss ich gestehen: Seit ich dieses Buch gelesen habe, macht mir das Fahrradfahren wieder Spaß.

Ich möchte mit den Worten schließen, dass dies ein inspiriertes und einfallsreiches Buch ist, humanistisch und doch unangepasst, intellektuell und doch empirisch, rigoros und doch liebevoll, kultiviert und doch zugänglich, weltlich und doch spirituell. Vor allem aber ist es ein Buch über Zen, dessen – wie dieses Buch uns erinnert – einfachste, anspruchsvollste und zugleich auch am schwersten verständliche Maxime lautet: »Wenn ich esse, esse ich. Wenn ich schlafe, schlafe ich.« Ich möchte hinzufügen: »Wenn ich Fahrrad fahre, fahre ich Fahrrad.«

Joan Garriga Bacardi
Port de la Selva

Humanistischer Psychotherapeut,
Gründer des Institut Gestalt in Barcelona,
Pionier der Familienaufstellung nach Bert Hellinger
in Spanien und Lateinamerika sowie Buchautor

EINFÜHRUNG

Ein wunderbares Gefühl des Nichts

Wenn du jemals auf dein Fahrrad gestiegen und losgefahren bist und das Gefühl hattest, deine Handlungen seien unabhängig von deinem Willen und all dein Denken würde vorübergehend pausieren, dann brauche ich dir wohl nicht zu erklären, was ich mit »Gefühl des Nichts« sagen will. Im Zen bezeichnet man diesen Zustand als Achtsamkeit.

Eines Mittags Ende 1982, ich war 38 Jahre alt, bemerkte ich, dass Fahrräder sich selbst lenken. Ich sitze am Strand mit Blick auf den Rio de la Plata, dort, wo sich heute der Jardín de la Memoria befindet. Bei mir ist Daniel Coifman, ein Freund und Psychotherapeut, der mehrere Aufenthalte am Esalen Institute in Big Sur absolvierte, mehrfach nach Indien reiste und, um es kurz zu fassen, die Geheimnisse des Bewusstseins erkundet hat. Unsere Fahrräder lehnen aneinander.

Ich erzähle ihm, dass ich mich an all die Orte erinnere, durch die wir zusammen gefahren sind: das Planetarium, den Bahnübergang beim Flughafen, die Kreuzung beim Fischerverein. Und auch an den Wind auf meinem Gesicht, das Wasser, das gegen die Brüstungen spritzte, den Essensgeruch in den Restaurants, wie du einen Umweg gefahren bist, um den beiden alten Herren aus dem Weg zu gehen, die Mate tranken … Aber ich kann mich einfach nicht daran erinnern, was ich dabei gedacht habe. Ich war abgelenkt, keine Ahnung, wo ich in Gedanken war. Ich weiß nur, dass ich jetzt hier bin.

Daniel springt auf. »Nein, du warst nicht abgelenkt«, sagt er. »Du warst *geistes*abwesend, aber nicht abwesend. Und ob du es glaubst oder nicht, das ist das genaue Gegenteil.«

Dreißig Jahre sind seit diesem wunderbaren Gefühl des Nichts und diesem Gespräch am Flussufer vergangen. Fünf Notizbücher á hundertsechzig Seiten, völlig zerfleddert, weil ich sie so oft aus meiner Hosentasche geholt und wieder hineingeschoben habe, wurden mit Hunderten von Worten und unzusammenhängenden Sätzen, Gebeten, unfertigen Absätzen, abgeschriebenen Zitaten gefüllt. Hin und wieder tippe ich sie in ein langes Textdokument auf meinem Computer ab, das ich dann auf irgendeiner Seite öffne:

- »Der Reisende ist der Motor.«
- »Es gibt keine Gespenster, nur Risiken.«
- »Teilhaben, ohne sich darin zu verlieren.«

Die Verbindungen zwischen Fahrrad und Zen drängen sich förmlich auf, ganz gleich, auf welchen Lebensbereich sie sich beziehen. Ich suche nicht nach ihnen, sie verfolgen mich.

Zu meditieren bedeutet nicht, sich einfach im Lotussitz niederzulassen und zu versuchen, einen anderen Geisteszustand zu erlangen – das Sitzen *ist* dieser Zustand. Genauso *ist* das Sitzen mit herabhängenden Beinen, die rhythmisch die Pedale bewegen, und den Händen am Lenker an sich bereits die Einheit mit dem Fahrrad.

Diese beiden Praktiken sind Formen der »geistigen Verdauung«, denn sie reinigen unser Inneres. Es mag vielleicht so klingen, als könne man sie mit passivem Schweigen gleichsetzen, aber dem ist nicht so. Der Geist reinigt sich selbst und tritt auf ganz natürliche Weise in einen Zustand subtiler Aufmerksamkeit ein.

Die Informationen, die der Fahrradfahrer dem Fahrrad kommuniziert und die das Fahrrad an ihn zurückgibt, erzeugen einen ähnlichen Dialog wie den in unserem Körper, der den Botschaften des Verstands vorausgreift und sich autonom zu bewegen scheint.

Eine Hand fährt eine Tischkante entlang und erkennt, wo der Tisch endet. Ein Bein in der Luft und eine Fußbewegung können ausreichen, um einen Fußball zu treffen und in die freie Ecke eines Tors zu lenken – all das in weniger als einer Sekunde, niemand den Verstand fragen, was zu tun ist, und als würde dieser auch gar keine Entscheidung treffen.

Der Verstand erfüllt eine Doppelfunktion: Er ist da, ist wachsam und sendet auch die notwenige Hilfe (also Information) – eine Choreografie, die alle Worte transzendiert.

Verbinden wir unsere Sinne mit dem Objekt Fahrrad, wird es zu einer Erweiterung unseres Körpers, als sei es ein Gliedmaß. Es kann uns seinen Zustand mitteilen – also das, was es gerade braucht –, und interpretiert die Impulse, die es über die Kontaktpunkte aus dem Gehirn des Fahrers erhält. Diesen instinktiv ablaufenden Dialog etablieren wir quasi ab dem Augenblick, in dem wir das Fahrradfahren erlernen, ohne ihn überhaupt zu bemerken.

Aus Sicht des Zens *ist* das Fahren dieser Dialog.

Auf dieselbe Weise begegnet der Energiefluss oder *Élan vital* weniger Hindernissen, wenn Körper und Geist zusammenarbeiten oder, wie wir es von nun an nennen werden, aufeinander eingestimmt oder miteinander im Einklang sind. Der Energiefluss entspringt dem Inneren von Fahrer und Fahrrad und geht auch wieder dorthin zurück, weil das sein natürlicher Weg ist, und die Kontaktpunkte zwischen den beiden dienen dabei als Schnittstellen.

Wenn wir meditieren, stimmen sich die verschiedenen Körper, aus denen wir bestehen (physischer, emotionaler, geistiger und andere, weniger wahrnehmbare) aufeinander ein, der Verstand hört auf, sich einzumischen, und in unserem Bewusstsein öffnet sich ein nonverbaler Kontakt zu unserem tiefsten Innersten. Manchmal erreichen wir Höhen, die wir durch bloßes

Denken niemals erreichen könnten, und wir haben den Eindruck, gleichzeitig präsent und nicht präsent zu sein. Es gibt dann keinen Unterschied mehr zwischen dem Beobachteten und der Tatsache, dass wir es sind, die es beobachten. Wir können an diesem Ort verweilen oder weitergehen und zurückkehren, wann immer wir wollen.

Es kann zwar gefährlich sein, beim Fahrradfahren in einen solchen Zustand einzutreten, aber sich aufs Meditieren einzulassen, bedeutet, jede Gelegenheit zu ergreifen, ein vollständiges Kontinuum aus Mensch-Fahrrad-Weg zu erreichen – wobei »Weg« hier die Umgebung mit einschließt.

Diese Perspektive ergibt heute, wo Fahrradfahren eine weitverbreitete Praxis ist, die einen Teil des Alltags darstellt und immer breitere Akzeptanz erfährt, mehr Sinn. Viele Menschen stellen fest, dass Fahrradfahren einem höheren Zweck dient als nur der Befriedigung ihrer körperlichen Bedürfnisse – es ist auch eine Methode, inneren Einklang zu finden.

Mein Automechaniker ist ebenfalls Radfahrer, und er hat mir einmal gesagt: »Wenn ich inneren Einklang und wieder ins Gleichgewicht finden will, schwinge ich mich auf die alte Klapperkiste«, und dann zeigte er auf ein schwarzes Fahrrad, das hinten in seiner Werkstatt lehnt.

»Das Fahrrad ist das zivilisierteste Mittel zur Fortbewegung, das wir kennen. Andere Transportarten gebären sich täglich albtraumhafter. Nur das Fahrrad bewahrt sein reines Herz.«

[Iris Murdoch]

TEIL I

So vieles spricht fürs Fahrradfahren

Das Phänomen, die Möglichkeit

DER FAHRRADFAHRER IM STADTVERKEHR

Fahrräder sind wieder zu einem Alltagsgegenstand geworden. Allerdings dienen die meisten nach wie vor eher der Entspannung als dem Zweck der Fortbewegung. Fast alle Städte weltweit haben ihr Straßenbild angepasst, um Fahrradfahrer zu ermutigen und zu schützen. Das Fahrrad breitet sich in den ihm behördlich zugewiesenen Raum aus, es ist eine Mode, ein Phänomen mit Ansteckungskraft. Was auf den ersten Blick eine Form zu sein scheint, ist in Wahrheit ein Inhalt. Ganz gleich, aus welchen Grund es genutzt wird: Es erzeugt Gewohnheiten.

Die VORFAHREN des ZWEIRADS

Von dem Augenblick an, als im Neolithikum entdeckt wurde, dass runde Gegenstände rollen können, trat das Rad einen unaufhaltsamen Eroberungszug an.

Vielleicht wusste der Mensch auch damals schon – so wie wir manchmal Dinge wissen, ohne zu wissen, dass wir sie wissen –, dass sich im Rad noch ein höherer Zweck verbarg, eine weitere Frucht der Schöpfung, der noch einige Bewährungsproben bevorstehen sollten.

Das Verlangen des Menschen, schneller und weiter voranzukommen, als ihn seine Füße tragen konnten, bekam einen spürbaren Schub.

Das berühmte Bild des Menschen, dessen Proportionen perfekt in einen quadrierten Kreis passen, entsteht und ermöglicht Leonardo Da Vinci 1490 den Entwurf des Prototyps eines Fahrrads samt exakten Angaben zu Anatomie und Dynamik. Mit demselben Auge, das beobachten wollte, wie sich der Mensch vogelgleich durch die Luft bewegt, ersann Leonardo ein System mit Eigenantrieb, das es dem Menschen ermöglichen würde, fünfzehn Zentimeter über dem Boden zu schweben. Das Carrousell, ein Modell, das sich kaum vom klassischen Fahrrad des 20. Jahrhunderts unterscheidet, verfügt über eine direkt mit dem Lenker verbundene Steuerung, Pedale unten am Rahmen und sogar einen Kettenantrieb! Es ist perfekt auf den menschlichen Körper maßgeschneidert: Der Sattel befindet sich in idealer Position, um das Rad an-

Umsetzung von
Da Vincis Entwurf ...

zutreiben, den menschlichen Körper aufrechtzuhalten und beide eins werden zu lassen.

Gegen 1880 begann der Engländer John Kemp mit der Produktion seiner sogenannten »Sicherheitsfahrräder«, die mit einer Kette mit Gelenkgliedern zwischen Pedal und Zahnrad ausgestattet waren. Da Vinci muss aus dem Grab gerufen haben: »Na endlich, Jungs!«

Die größere Anzahl an Zähnen im Zahnkrank in Proportion zu denen am Kettenrad ermöglichte Verbesserungen: Das Kettenrad rotierte häufiger pro Drehung des Pedals, und damit drehte sich auch das Rad schneller.

Das Konzept der Übertragung und Multiplizierung erwies sich als unersetzlich. Das Kettenrad an der Achse des Hinterrads zu befestigen war dagegen nicht ideal. Der Vorteil: So konnte das Rad auf wenigen Metern beschleunigen, und es war möglich, mit den Beinen zu bremsen, ohne die Füße auf den Boden setzen zu müssen. Der Nachteil: Man konnte nicht mehr aufhören zu treten. Wenn der Fahrer keine Kraft mehr durch seine Beine ausübte, bewegten sich Pedale und Kette durch den Schwung des Hinterrads einfach weiter. Nur kurze Zeit später erfand ein anderer Engländer den Freilauf, eine Art Kupplung, die es dem Fahrer ermöglicht, die Beine vom Antrieb zu lösen. Dieses System ist im Wesentlichen dasselbe, das heutzutage alle Fahrräder nutzen, gleich ob mit oder ohne Gangschaltung.

Auf beiden Seiten des Atlantiks begann man, Fahrräder in Massenproduktion herzustellen, und auch die Kolonien führten sie als Zeichen des Fortschritts ein. Fahrradfahren wurde von einer Tätigkeit für Männer aus den oberen Schichten zur Transportmethode.

Während des 20. Jahrhunderts hielt sich das Fahrrad an die biblische Devise »Wachset und mehret Euch« – allerdings mit einem Minimum an Darwinismus, da sich das Prinzip des keilförmigen Rahmens seitdem so gut wie gar nicht weiterentwickelt hat. Mehr oder minder viele, mehr oder minder gerade oder gebogene Metallstangen werden zu scheinbar unterschiedlichen Designs zusammengefügt, aber letztlich stammen sie alle von demselben Dreieck aus Sattel, Pedalen und Lenker ab, das dieselben drei Kontaktpunkte stützt: Hinterbacken, Füße und Hände. Bis heute sind alle Varianten des Fahrrads ausgerichtet auf jene menschliche Silhouette, den schon Leonardo da Vinci seiner Arbeit zugrunde legte.

KULTOBJEKTE

»Man könnte sagen, dass er das Fahrrad mit Samthandschuhen anfasste. Er sorgte stets dafür, dass weder Vorder- noch Hinterrad eierte. Häufig erledigte er eine Arbeit kostenlos für mich, weil er, wie er es ausdrückte, noch nie einen Menschen gesehen hatte, der sein Fahrrad so sehr liebte wie ich.«

[Henry Miller, *Mein Fahrrad und andere Freunde*]

Können Gegenstände wie Fahrräder lebendig sein? Besonders mechanische Artefakte ohne Motor, die menschliche Funktionen übernehmen, so wie alte Rasenmäher oder pedalbetriebene Nähmaschinen?

Genauso wenig wie Musikinstrumente verfügen Fahrräder über eine sichtbare Energie, denn jegliche Energie, mit der sie in Kontakt kommen – die unserer Füße und Hände, die Schwungkraft, die Zugkraft beim Bergabfahren –, lassen sie ihre Mechanismen durchlaufen. Sie machen sich einige physikalische Gesetze wie Schwerkraft, Gleichgewicht, Trägheit und die Zentrifugalkraft zunutze. Sie multiplizieren Kräfte, verarbeiten Informationen, vereinen verschiedene Kräfte und passen sich an unterschiedliche Situationen an. Sie tragen uns – *er*tragen uns, unser Übergewicht, unsere Gewohnheiten, unsere Laster, unsere Launen. Sie befördern uns. Sie verstehen uns ...

Und auf einer subtileren Ebene haben auch sie dieses gewisse Etwas, eine abstrakte Eigenschaft, für die der Mensch niemals Worte gefunden hat.

Ich spreche von dem, was uns transzendiert.

Bestimmen zu wollen, ob ihr Geist nun ihrem wahren Wesen oder ihrer Funktion entspringt, wäre genauso müßig wie der Versuch, den Beobachter als unabhängig vom Beobachteten zu betrachten oder den Verstand als getrennt vom Ich. Es ist ihm »angeboren«, da es von Anfang an in ihm war.

Jedes Fahrrad hat eine Persönlichkeit und ist Gegenstand eines Privatkults. Jeder Mensch baut eine Beziehung zu seinem Fahrrad auf, was für eines es auch sein mag – genauso wie zu seinen Lieblingsschuhen oder seinem liebsten T-Shirt, obwohl es da draußen Tausende von ähnlichen Gegenständen gibt. Ein anderes Modell derselben Marke hätte nicht dieselbe Wirkung. Jedes Fahrrad etabliert seine ganz eigene, persönliche Beziehung.

Es handelt sich um eine körperliche Beziehung. Wie stets, wenn Körper auf Körper trifft, gibt es dabei Faktoren, die den Verstand transzendieren. Wer auf ein Fahrrad steigt, nimmt wahr, wie er von ihm angenommen wird, wie es sein Gewicht trägt, was es fordert, wie es auf Stimuli durch den Fahrer reagiert. Nicht alle Modelle verursachen dasselbe Gefühl der Vollständigkeit. Hat sich erst einmal Empathie entwickelt, kommt ein Feedback zustande und der Fahrer kann sich entspannen. Eine Alchemie, die in einer Kapitulation, einem Vergessen des Selbst besteht. Es ist eine Form der Befreiung, des Loslassens, ähnlich, wie sie beim Geschlechtsakt entsteht.

Beim Fahrradfahren muss man nicht jede Bewegung durchdenken. Die ihm innewohnende Dynamik bringt uns dazu, automatisch das Richtige zu tun. Ich bewege mich voran, und erst danach denke ich darüber nach. Wie beim Spielen eines Musikinstruments operiert die Gewohnheit auf unterbewusster Ebene. Wenn der Spieler bis zu einem gewissen Grad mit dem Instrument verschmolzen ist, versinkt er in der Euphorie des Spiels und hat nicht mehr die Möglichkeit, innezuhalten, um darüber nachzudenken, was er tut oder wie er es tut. Er gibt sich der Musik hin, so wie sich der Fahrradfahrer dem Fahren hingibt.

Beim Lesen dieses letzten Abschnitts schreibt Nicolás Muszkat an den Seitenrand: »Als ich zweiunddreißig Jahre alt war (also vor zwei Jahren), ging ich mit meinem Vater in den Fahrradladen, den wir in meiner Kindheit immer besucht hatten. Der Besitzer Miguelito zeigte mir ein Fahrrad, das an der Wand hing. Es war kaum mehr als ein Trümmerhaufen. ›So eins hattest du auch, genau das Gleiche‹, sagte er. Es war ein Zwanzig-Zoll-Klapprad von Aurorita. Alle Teile wurden in Argentinien hergestellt, selbst die Bremsen. Natürlich habe ich es gekauft und restauriert. Noch heute ziehe ich aus Fahrrädern dasselbe Vergnügen wie damals, als ich das Fahren gerade erst lernte.«

Für uns, die wir als Kinder Fahrräder liebten, stirbt das Thema Fahrrad niemals – und kein Fahrrad stirbt jemals ganz. Es mag auseinandergenommen werden, vielleicht landen einzelne Teile sogar auf dem Sperrmüll, aber es findet sich immer jemand, der einen rostigen Rahmen vor dem Schrottplatz rettet und ihn mit neuen oder gebrauchten Ersatzteilen wieder zum Leben erweckt. Nur selten kommt es vor, dass das Gestänge tatsächlich verschrottet wird – meist wird es reinkarniert und kehrt zurück, um die Verbindung zwischen Radfahrer und Fahrrad erneut zu durchleben.

Der Anthropologe Marc Augé bezeichnet das als Band der Liebe und des buchstäblichen Wiedererkennens, das durch die Zeit nicht zerstört, sondern durch Erinnerungen und Nostalgie sogar eher gestärkt wird, auch wenn das Leben Rad und Besitzer voneinander getrennt hat.

Es ist eine Metapher für eine Existenz, die auf dem utopischen Gleichgewicht zwischen Mensch und Natur beruht, für das Verlangen nach einem Goldenen Zeitalter, das nicht vom Kommerz besudelt wurde, für das symbolische Wiedererlangen der Freiheit. Das Fahrrad weckt unzählige Assoziationen.

Das UNMERKLICHE

Ende der 1980er Jahre, als fast alle Fahrradhersteller in Amerika und Europa Modelle mit Gangschaltung auf den Markt brachten, erkannten zunächst nur sehr wenige Menschen, dass es sich dabei um mehr als eine rein technische Innovation handelte.

»Man könnte fast sagen, dass sie [gemeint ist die Gangschaltung] reagiert, als würde sie den Akt des Fahrradfahrens verstehen und ihn praktisch umsetzen, wobei sie von unseren automatisierten Bewegungen ausgeht, ganz gleich, wie minimal sie sein mögen«, erklärt mir Nicolás Muszkat, der Mann, der das Fahrrad seiner Kindheit restaurierte und heute Lateinamerika-Manager von Shimano ist, dem größten Gangschaltungshersteller der Welt. Er weist darauf hin, dass Gangschaltungen nicht einfach nur ein Zusatz zum Fahrrad seien, der eine stärkere oder schwächere Kraftaufwendung ermöglicht – vielmehr ginge es darum, dass der Fahrer den Gang wechseln kann, ohne seine Aufmerksamkeit darauf richten zu müssen. Darum, dass sie zu einem Teil seines Körpers werden, wie die Luft, die er atmet, ohne es zu merken.

Das Unmerkliche als der Gangschaltung inhärentes Konzept weist direkt darauf hin, dass die Reaktionen des Radfahrers unter geringstmöglicher Beteiligung seines Denkens eintreten, dass diese Reaktionen im selben Augenblick aktiviert werden, in dem die Sinneseindrücke das Gehirn erreichen, und unabhängig von der willentlichen Entscheidung stattfinden, den Gang zu wechseln. Dass der Fahrer nicht einmal bemerkt, was er tut, genauso wie er die Bremse betätigt, ohne darüber nachzudenken, dass er auf ein Warnsignal hin handelt.

In der japanischen Kampfkunst spricht man bei einer so engen Verschmelzung zwischen dem Instrument und seiner Funktion davon, dass sich die Energie »selbst aktiviert«.

Ist es Zufall, dass die Fabriken und das Firmenhauptquartier, aus denen dieses emotionsgeladene Stückchen Ingenieurskunst stammt, in Sakai liegen, einer Stadt in der Präfektur Osaka, wo die für die Teezeremonien charakteristischen vier Elemente – Harmonie, Reinheit, Ruhe und Ehrfurcht – einen Kontrapunkt zu den ehemaligen Stahlschmieden bilden, in denen früher Waffen hergestellt wurden?

Ist es ein Zufall, dass der Unternehmensgründer Shozaburo Shimano, ein Mann, der die Geheimnisse kaltgeformten Stahls kannte wie seine eigene Westentasche, in seiner Freizeit Angeln ging? Er tat das gern alleine und stand stundenlang mit der Leine zwischen Daumen und Zeigefinger da, ließ seinen Geist von der Natur erfüllen …

Hängt all das irgendwie damit zusammen, dass das Fahrradfahren von Zen beseelt ist?

Diese Frage stelle ich mir.

Heute ist das Fahrrad kein Vehikel für Romantiker – und Fanatiker – mehr, sondern eine kluge Entscheidung. Im Stadtverkehr des 21. Jahrhunderts stellt es die nachhaltigste Möglichkeit dar, von A nach B zu gelangen, und bringt darüber hinaus gesundheitliche Vorteile mit sich. Fahrradfahren ist eine Philosophie, die sich praktisch umsetzen lässt. Das Fahrrad überlebt als letzte große Erfindung des mechanischen Zeitalters, auch wenn ihm immer weitere Innovationen hinzugefügt werden: Scharniere, damit man es zusammenklappen kann, Elektromotoren mit wiederaufladbaren Batterien, neue Lastenräder, bei denen sich das Vorderrad einen Meter vor dem Lenker befindet, und so fort.

NETZBEWUSSTSEIN

Ohne Netz keine Radfahrer.

Der Fahrradboom stellt uns vor neue Herausforderungen. Die starke Nutzung von Fahrrädern und die Errichtung von Radwegen zur Sicherheit der Radfahrer bedeuten auch, dass die Radfahrer erzogen werden müssen. Der Gedanke der Co-Existenz muss Eingang finden in den Kopf mit dem Helm darauf. In Experimenten wies man den Teilnehmern die Rolle des Fahrers oder des Fußgängers zu, damit sie lernen können, miteinander in Dialog zu treten. Indem man versteht, warum sich andere Straßennutzer so verhalten, wie sie es tun, und wie sie Radfahrer wahrnehmen – und indem sie sich selbst dabei zuhören, was sie zu sagen haben, wenn sie auf einmal der anderen Seite angehören –, wird klar, dass man die verschiedenen Straßennutzer als Elemente sehen sollte, die nicht im Wettbewerb miteinander stehen, sondern sich gegenseitig ergänzen.

Bei diesen Maßnahmen wird unbeabsichtigt das entwickelt, was im Zen als Mitgefühl betrachtet wird: das Begreifen, dass wir, ob wir nun zu Fuß oder auf dem Fahrrad, im Bus oder SUV unterwegs sind, alle Teil derselben Essenz und alle gleich verletzlich sind. Wenn ein Auto ein Fahrrad überfährt, sind beide davon betroffen.

Aus dieser Perspektive betrachtet sind die aus Beton gegossenen Verkehrstrenner, die zunehmend das Straßenbild prägen, kein Teil einer Politik mehr, die Überleben und Sicherheit dienen. Sie sorgen dafür, dass diejenigen, die auf dieser oder jener

Seite gehen oder fahren, einander näher, sich vereinter fühlen. Sie sind Teil desselben Netzwerks: Sie sind im Fluss.

Mitgefühl: Für Buddhas und *bodhisattvas* hat Mitgefühl nichts mit Mitleid zu tun. Sie sind sich einig, dass es sich um ein der Sympathie verwandtes Gefühl handelt, das sich aber auf Freund *und* Feind gleichermaßen anwenden lässt. Soll es freiwillig ausgeübt werden und zu Empathie, Verständnis und Energiezirkulation führen, erfordert es eine Weisheit, die ganz von selbst entsteht, wenn wir unser Ego einmal beiseitelassen und seine Grenzen überschreiten.

Mitgefühl funktioniert als Netzwerk. Es wird nicht von einer Person gegeben und von einer anderen empfangen, sondern beide sind Kanäle für seine Energie.

Es wächst in dem Maß, in dem es praktiziert wird.

Das UNÜBERTRAGBARE

»Die Unerschrockenheit eines Helden und das liebende Herz eines Kindes.«

[Sôyen Shaku]

Während unserer Vergangenheit als Stadtkinder versuchten unsere Eltern, uns so weit sie konnten abzuschrecken. Sie sagten: »Dein Körper ist deine Karosserie. Auch wenn jemand anders schuld ist, wirst das Meiste immer du abbekommen. Ich weiß ja, dass du vorsichtig bist … aber die *anderen* sind das Risiko.« Das sind häufige Sätze, und es ist etwas Wahres an ihnen, heute genauso wie früher. Die kleinste Berührung durch ein Auto, und schon verliert man das Gleichgewicht. Ist man jung, schlägt man sich dabei vielleicht nur die Knie auf, ist man älter, bricht man sich mitunter die Knochen. Schon eine einzige Achtlosigkeit kann tödlich enden.

Aber … wie soll man auf das Fahrradfahren verzichten? Wodurch es ersetzen? Sport ist eine Sache für sich.

»Ich verbiete es dir nicht, aber sag nicht, ich hätte dich nicht gewarnt.« »Wenn du mit dem Rad fährst, mache ich mir Sorgen …« Beim Fahren verwandelt sich unser Rucksäcklein voller Warnungen in Risikobewusstsein. Dieses besteht weniger in einer Stimme, die uns lähmt oder sagt, wir sollten hierauf und darauf achten, als in einem vorübergehenden Zustand der Aufmerksamkeit und Wachsamkeit.

Man weiß, wohin man geht, und lernt, Dinge zu sehen, ohne hinschauen zu müssen.

Man versteht, wie sich Autos verhalten, und sorgt für die Vorhersehbarkeit der eigenen Bewegungen.

Trotzdem umweht den Fahrradfahrer in der Stadt der Nimbus des Helden. Er ist der David, der sich unter die Goliaths wagt. Autos, die von hinten heranrasen und unachtsam vorbeidonnern, Autos, die uns überholen, ohne darauf zu achten, wer neben ihnen fährt, Autofahrer, die langsam aus einer Parklücke setzen, um nachzusehen, ob die Straße frei ist.

»Ist das nicht gefährlich?«, fragt mich ein Kunde, als er den Helm entdeckt, der hinten an meinem Rucksack baumelt. Sein Tonfall ist bewundernd, aber auch argwöhnisch, und der Mann scheint sich zu fragen: *Warum zum Teufel fährt mein Schreibcoach mit dem Fahrrad herum, wenn es genügend andere Fortbewegungsmittel gibt?* »Doch, schon«, antworte ich, und dabei schießen mir verschiedene Unfall- und Todesszenarien durch den Kopf. »Aber ich bin vorsichtig.« Während ich das sage, ist mir bewusst, dass ich zwischen Autos, Motorrädern, Bussen und LKWs navigieren muss, die doppelt oder dreimal so schnell fahren wie ich und ohne jede Rücksicht ein- und ausfädeln, und dass mich schon der kleinste Kontakt mit ihnen vom Fahrrad katapultieren könnte. Dennoch gibt es einen Grund, aus dem ich Fahrrad fahre, aber er ist schwer, wenn nicht unmöglich in Worte zu fassen.

»Findest du es nicht ein bisschen kindisch, immer noch auf so einem Ding herumzufahren?« Zwei Straßen von seinem Büro entfernt haben sie einen zweispurigen Fahrradweg errichtet, auf dem mehrere Männer unseres Alters vorbeifahren. Dennoch weisen die vielen Räder in der Stadt ihn (und die übrigen sechs von sieben Leuten, die noch kein Fahrrad benutzen) vor allem auf die Notwendigkeit eines unabhängigen Transportmittels hin. Für jene aber, die es hören wollen, bedeuten all diese Fahrräder auch, dass sich jeder von uns sein eigenes, individuelles Glück erschaffen muss, in einem Sozialsystem, das im Widerspruch zu seinen eigenen Paradigmen steht. Wir haben keine Zeit mehr, von einer Utopie zu träumen, die vielleicht eines Tages … Dadurch verpassen wir die Möglichkeit, mit unseren kleinen Alltagshandlungen etwas zu verändern, so vereinzelt sie auch wirken mögen – beispielsweise hinten im Garten ein Gemüsebeet anzulegen, unseren Müll zu trennen oder beim Abwaschen nicht das Wasser laufen zu lassen. In diesen Handlungen finden wir eine Grundhaltung, die Schritt für Schritt unser Leben durchdringt.

Ich könnte auch erklären, dass es mindestens zwei Juan Carlos' gibt: das Kind, das früher so gern den Wind auf seiner Haut spürte, während es sich vorstellte, es würde fliegen. Und einen Mann, der mit beiden Beinen fest auf dem Boden steht und den das Leben schon die eine oder andere Lektion gelehrt hat. Oder dass die Lebensfreude des Dreijährigen, der sich zwei Milchzähne ausschlug, weil er nicht wusste, wie man rechtzeitig bremst, noch immer in mir ist, auch wenn sich dieser Junge in tausend kleinen Dingen ans Leben anpassen musste (und heute Porzellankronen trägt). Und diese Lebensfreude will hinaus in die Welt.

»Meine Frau muss immer Fahrrad fahren, wenn sie außer Haus ist. Mich lässt sie immer weit hinter sich – weiter als weit«, beschreibt Federico Peralta Ramos, der die Philosophie Gánica begründete, wie seine Sarita mit dem Rad zur Plaza fuhr.*

---

* Das Wort »Gánica« stammt vom Spanischen *tener ganas* ab, was so viel bedeutet wie »Lust auf etwas haben«. Wenn man das tut, was man wirklich will, ist man sozusagen *gánico*. – *Die Übersetzerin*

Man nennt sie »Meta-Bedürfnisse«. Nachdem wir unsere Primärbedürfnisse befriedigt, also etwas zu essen, ein Dach überm Kopf, das Gefühl geliebt zu werden und ein annehmbares Maß an Selbstachtung gefunden haben, bringt der Wunsch, ein erfülltes Leben zu führen, Bedürfnisse an die Oberfläche, die im Laufe der Zeit unterdrückt wurden. Menschen im mittleren Lebensabschnitt, die ihre Grundbedürfnisse erfüllt haben, greifen häufig auf Medikamente zurück, um sich emotional stabil, sicher, erfüllt und zufrieden zu fühlen – und wieder einschlafen zu können, wenn sie nachts aufwachen.

Die Tabletten betäuben jene Gefühle, die in abstrakter Form zu uns kommen oder in uns ein undefinierbares Gefühl der Leere erzeugen. Sie geben uns das Gefühl, es ginge uns besser. Und doch sirrt die Mücke weiter in unserem Ohr.

Freiheit zu erlangen bedeutet nicht, uns gehenzulassen. Es bedeutet, Entscheidungen zu treffen: sich zu trauen, seine Gewohnheiten aufzugeben, auch wenn sie automatisch immer wieder auftauchen, weil sie uns so vertraut sind oder weil es leichter ist, nicht darüber nachzudenken, wie sehr sie uns beeinflussen, oder weil wir Angst haben, etwas Neues auszuprobieren, weil wir das, was wir als Normalität kennengelernt, was wir als Normalität *konstruiert* haben, nicht durcheinanderbringen wollen.

Freiheit bedeutet, uns zu erlauben, wie ein Kind herumzuexperimentieren und unsere Wünsche zu erkennen …

In vielen Menschen löst das Fahrradfahren in der Stadt eine Angst aus, die nichts mehr mit körperlichem Risiko zu tun hat.

Es konfrontiert sie mit einer Lebensweise, die sie nach und nach für sich ausgeschlossen haben. Das Radfahren fällt dann in die Kategorie der Dinge, die man einfach nicht tun, ja, über die man nicht einmal *nachdenken* darf.

Andere können sich dem Zauber des Fahrradfahrens einfach nicht entziehen. Schon nach einigen Pedalumdrehungen empfinden sie, auch wenn sie es vielleicht nicht merken, Augenblicke der Gedankenleere und Freude zwischen all jenen anderen Momenten, in denen der Intellekt über die Gefühle dominiert. Es erweckt in ihnen körperliche Erinnerungen an vergessene Empfindungen.

Dieses Erleben ist unübertragbar.

Das Fahrrad als Phänomen

> »Ein Fahrrad zu besitzen ist heutzutage angesagter, als ein Auto zu besitzen: Es bedeutet, dass man im Zentrum wohnt, dass man Freizeit hat. Unsere Geschmäcker stehen im Zusammenhang mit dem Bedürfnis, uns von den gewöhnlichen Gesellschaftsschichten abzuheben.«
>
> [Christian Boltanski]

Es stimmt, dass mein Hemd verknittert ist und mir aus der Hose hängt, dass mir das Haar in alle Richtungen absteht, dass ich Schmutz zwischen den Fingern und in den Augenwinkeln habe. Und es stimmt, dass ich eine gewisse Euphorie ausstrahle. Eine Stunde lang mit zehn bis fünfzehn Stundenkilometern fünfzig Straßen entlangzuradeln, würde wohl jeden in einen leicht derangierten Zustand versetzen.

Der Begrüßung meines Kollegen in seiner makellosen Tweedjacke fällt wie folgt aus: »Wenn du dann auch mal endlich in Arbeitsstimmung bist, können wir ja anfangen.«

»Aber fällt es dir denn gar nicht auf?«, frage ich und tue dabei überrascht. »Ich bin viel konzentrierter als sonst ... Und außerdem hatte ich auf dem Weg Zeit, mir genaue Gedanken darüber zu machen, welche Abschnitte wir wohl kürzen sollten.«

Ich hole mein MacBook aus dem Rucksack und baue es auf seinem Schreibtisch auf. Während ich es aufklappe, wiederhole ich in Gedanken: »Wenn ich esse, esse ich, und wenn ich schlafe, schlafe ich ...« Mein Kollege fängt an vorzulesen, und ich lese auf dem Bildschirm mit.

Stück für Stück vergesse ich, wie unwohl ich mich gerade eben noch seinetwegen gefühlt habe.

In diesem Augenblick ist mir gar nicht bewusst, was für Geister ich heraufbeschworen habe. Ich will nicht, dass er meine Vorlieben adaptiert. Ich will einfach nur, dass er sie nicht infrage stellt und begreift, dass auch ich ihn von nichts überzeugen möchte. Er ist er, ich bin ich, und ich bin mit dem Fahrrad zu unserem wöchentlichen Meeting gekommen. Das bedeutet nicht, dass er dasselbe tun muss.

Knapp drei Stunden später fahre ich auf demselben Radweg in die andere Richtung zurück. Es ist Nachmittag, und viele

Leute, Männer wie Frauen, kommen von der Arbeit. Viele scheinen unterwegs zu irgendeinem Kurs zu sein. Vor mir sind zwei Männer, die sich ihre Aktentaschen wie Patronengurte quer über die Sakkos gehängt haben. Und da ist auch eine junge Mutter mit ihrer Tochter im Kindersitz auf dem Gepäckträger und einer Brotdose vorne im Korb.

Warum tun manche Menschen es einfach?

Warum fassen sie Mut, ergreifen die Gelegenheit, erlauben es sich, oder wie auch immer man es ausdrücken möchte, und andere tun es nicht?

Am häufigsten dienst als Erklärung ein Konzept von Lebensqualität, das uns von außen auferlegt wird. Werbung und Medien unterfüttern die Vorstellung, dass ein höherer Lebensstandard damit einhergeht, das beste Auto zu fahren, im exklusivsten Viertel zu wohnen, einen riesigen Fernseher im Schlafzimmer und ein leistungsstarkes Handy zu haben, an diesen oder jenen ausgefallenen Urlaubsort zu reisen … Werbung und Medien müssen uns mit dieser Art von Botschaften überfluten, weil sie anders nicht existieren könnten. Wenn sie in Werbeanzeigen für Modelabels Fahrräder zeigen oder einen doppelseitigen Artikel über die zunehmende Beliebtheit des Fahrradfahrens bringen, dann nur, weil sie begriffen haben, dass das Fahrrad inzwischen für Jugendlichkeit steht, für Freiheit, Umweltbewusstsein, Vitalität, für Lebensqualität und die Rückkehr zum Einfachen, Unkomplizierten … und das wollen sie sich zu eigen machen, so wie sie sich alles und jedes zu eigen machen, was die Menschen anziehend finden. Sie zeigen kein Fahrrad, weil sie Fahrräder lieben oder weil es für neue Gewohnheiten steht. Sie erkennen es einfach nur als zukünftigen Markt.

Aber in diesem Fall ist die Sachlage komplexer, weil die Botschaften nicht allein von den Medien verbreitet werden, weil nicht nur das Fernsehen Trends hervorbringt und weil potenzielle Radfahrer nicht den Meinungsführern folgen. Ganz gleich, wie viele Trendjäger die Agenturen engagieren, ganz gleich, wie viele der weltbesten Kreativen sich zum Brainstorming zusammentun, um herauszufinden, wie man die Massenbegeisterung fürs Fahrradfahren nähren kann – die Anzahl der Fahrräder wächst wegen des Verhaltens einer kleinen Anzahl von Aktivisten. Wegen Leuten, die es ausprobieren. Einer nach dem andern.

Ein Bild, ob Foto oder Zeichnung, eines Hauses zeigt, was es ist. Wenn man ein oder zwei Fahrräder hinzufügt, die vielleicht an einem Baum, vielleicht an der Hauswand lehnen, weist das Bild darauf hin, dass Menschen im Haus wohnen. Dass da Leben ist.

Das Fahrrad symbolisiert aber auch die Atmosphäre der frühen Kindheit (zwischen drei und fünf Jahren), in der Form und Inhalt noch das Gleiche waren. Der Erwachsene, der ein Bild von einem Fahrrad sieht, gestattet sich, auch wenn er kein Fahrradfahrer ist, einen flüchtigen Traum und nährt damit einen latenten Wunsch, der etwas vom Traum vom Fliegen an sich hat.

Für diesen unbewussten Winkel der Fantasie, der im Laufe des Erwachsenwerdens weder vollständig unterworfen noch vollständig ausgelebt werden konnte, stellt jedes Element des Fortschritts (und einer Kultur, die im Sinne des Fortschritts errichtet wurde) eine Falle dar. In den USA wird die Unfähigkeit, aus dem System zu entkommen, als »Bootstrap« bezeichnet, als »Stiefelschlaufe«: Man kann sich nicht an seinen Stiefelschlaufen selbst aus dem Sumpf ziehen. Wie sehr wir auch versuchen, dem Konsumverhalten zu entkommen, das uns vom techno-industriellen Darwinismus auferlegt wurde – immer wieder lockt uns das System mit Gegenständen und Dienstleistungen, die zu »künstlichen« Bedürfnissen geworden sind. Das neueste Beispiele: Beliebtheit in den Social Media.

Das relativ neue Konzept des »Downsizing«, also das Gegenteil blinden Wachstums, ist gleichbedeutend mit dem Verzicht, der im Zen so wichtig ist. Und dieses Konzept scheint das Fahrrad besonders deutlich zu symbolisieren.

Der Vater ist jetzt außer Puste. Er bekommt Seitenstechen, wenn er zu Fuß mit dem Fahrrad mithalten will, das er seinem Sohn gerade gekauft hat. »Nicht loslassen!«, ruft das Kind, als es spürt, dass die väterliche Hand nicht mehr am Sattel ruht.

Trotzdem tritt der Junge weiter in die Pedale. Kurz, bevor er die Ecke erreicht, bremst er ab, lenkt das Rad in eine neue

Richtung und fährt weiter. Sein Papa winkt ihm mit derselben Hand zu, mit der er ihn gerade eben noch festgehalten hat. Plötzlich kann der Junge selbst fahren. Und er empfindet etwas Neues: Freiheit?

Wenn wir vom Fahrradfahren träumen, können wir diese Botschaft auf drei verschiedene Weisen deuten. Einerseits steht es dafür, dass unser persönlicher Einsatz größer ist als die übrigen Energien, die an einer Sache beteiligt sind. Zweitens kann es Gleichgewicht symbolisieren und die Tatsache, dass Bewegung erforderlich ist, um dieses Gleichgewicht zu halten. Und drittens bestätigt so ein Traum, dass unsere Lebensreise etwas Individuelles ist. Die Interpretationen überlagern, verzweigen und überschneiden sich, und ihnen allen gemeinsam ist das Fahrrad als Symbol einer fortschreitenden Entwicklung.

In manchen Träumen lässt sich das Auftauchen eines Fahrrads auch als Bild für (symbolische oder reale) Einsamkeit verstehen, als ein Zuviel der Introversion oder Egozentrik oder als Tendenz zum Individualismus, die die soziale Integration des Radfahrers bedroht. Auch wenn das teilweise den Tatsachen entsprechen mag, steht das Fahrrad immer auch für ein normales Bedürfnis nach Autonomie. Und es dreht das Rad des *dharma:* Wahrheiten als Ausdruck der Realität, wie sie stattfindet, jenseits persönlicher Erfahrungen und Präferenzen.

All das, was sich unterhalb meiner Augen befindet, will ich Erdboden nennen, und alles oberhalb davon Himmel. Diesen Autoaufkleber sah ich am Lenker eines Fahrrads, das vor einem Markt für Bioprodukte stand.

»Was ich monatlich an Fahrkarten, Taxen und Benzin spare, macht sich ganz schön bemerkbar«, sagt ein Mann in den mittleren Jahren, als er an einer Ampel wartet. Sein Äußeres und der Werkzeugkasten auf seinem Gepäckträger lassen darauf schließen, dass er wohl Elektriker oder Hausmeister ist. Er fährt ein Straßenfahrrad, das abgenutzter ist als meines. Als er fertigeredet hat, steht er schon auf dem rechten Pedal, und einen Augenblick später sehe ich ihn nur noch von hinten.

Motorisierte Fahrzeuge verbreiten stets eine Stimmung der Eile. Die Uhrzeit dominiert die persönliche Zeit. Externe Zeit – ab jetzt, bis in einer halben Stunde, zur verabredeten Stunde, bis zur erwarteten Ankunftszeit. Zeit, die allen gemeinsam ist, in die wir in unserer eigenen Zeit eintreten und wieder hinausgehen. Mein Kollege, der Schriftsteller Juan Carlos Martelli, bezeichnete die Zeit, die aus unserem Inneren und nicht von außen kommt, als die »Zeit jenseits der Zeitpläne«.

Jeder Mensch verbrauchte fünfzehn Quadratmeter und eineinhalb Tonnen an Ressourcen (Metall, Plastik, Treibstoff). Die

Metropole gab ein Vermögen für die Infrastruktur aus, damit sich die Leute fortbewegen und parken konnten. Zu bestimmten Tageszeiten verbrachten die Einwohner mehr Zeit mit Warten als mit Fahren. Selbst wenn die Infrastruktur nicht benutzt wurde, war die Instandhaltung teuer und sie verlor an Wert. Das ist es, was sie als Komfort bezeichneten, die Stadtbewohner der ersten Jahrzehnte des 21. Jahrhunderts.

Der Radfahrer ist kein Fußgänger auf Rädern und auch kein Fußgänger, der schneller vorankommen will. Beide sind »blutbetrieben«, aber auf unterschiedliche Weisen. Wer Fahrrad fährt, findet darin einen anderen Seelenfrieden als ein Fußgänger.

Zwanzig, dreißig, vierzig Straßen kommen mir nach wie vor ganz schön viel vor. Ich kann sie entlanglaufen, und es macht mir sogar Spaß. Von Zeit zu Zeit gehe ich auch mit meiner Frau spazieren, aber ich muss erst mal auf die Idee kommen (oder von ihr darauf gebracht werden), von alleine komme ich nicht darauf.

Wenn ich jedoch beim Schreiben feststecke, nutze ich jede Ausrede, um ein paar Schritte zu gehen. Der Geist passt sich in Form regelmäßiger Atmung an den Laufrhythmus an und ermöglicht es mir, Distanz zu dem Text zu gewinnen, an dem ich arbeite.

Mehr noch als dem Sauerstoff schreibe ich das dem »Rütteleffekt« zu: Jeder Schritt rüttelt zurecht, was wegen seiner Konsistenz in mir feststeckt. Beim Verlassen des Hauses pfeife ich ein altes Lied oder wiederhole etwas, das ich vergessen zu haben glaubte, als sei es ein Mantra, und plötzlich gewinne ich eine Ahnung, wo genau es hakt.

Die Leere, die beim Fahrradfahren in mir entsteht, ermöglicht es mir dagegen nicht, mein Handeln aus einer anderen Perspektive zu betrachten. Es ist ein Zustand der Offenheit, der den Blick auf neue Möglichkeiten freigibt. Meine üblichen Gedanken verschwinden. Mein Geist wird von seiner Konditionierung befreit, und es knospen Gedanken, die noch Sekunden zuvor in irgendeinem Winkel meines Gehirns verborgen waren.

Das Fahrrad ist ein einsames Vergnügen, weil man beim Fahren fast nie redet. Die Gedanken kommen und gehen, und sie sind durchsetzt von den Dingen, die man sieht. Nur selten sieht man einen Fahrradfahrer mit dem Handy telefonieren.

Sie treten in die Pedale und scheinen dabei nicht müde zu werden. Oft haben sie Kopfhörer auf, eine Angewohnheit, die sie im Stadtverkehr teuer zu stehen kommen könnte. Sie tragen Brillen, enge Hosen, Chucks und einfache Rucksäcke. Ihr Haar ist windzerzaust. Man kann sie ständig sehen, auch nachts, auf so gut wie allen Fahrradwegen und Straßen der Stadt. Sie studieren, arbeiten, besuchen Yoga-Kurse oder sind auf dem Weg zu einer Verabredung. Sie fahren, weil es ihnen Spaß macht. Weil sie Busfahren langweilig finden und neue Wege ausprobieren wollen. Wenn sie ihr Ziel erreicht haben, schließen sie ihr Rad ab oder stellen es in einen Hauseingang. Sie haben romantische Gesichter – sie sind Intellektuelle, Träumer, Idealisten. Sie wissen, dass es nicht gut steht um die Welt, aber sie wollen glauben. Das ist der Ort, an dem sich Weisheit und Naivität berühren. Sie beobachten andere Radfahrer, vielleicht, weil sie hoffen, Gleichgesinnte zu finden. Meistens fahren sie minimalistische Räder ohne Zubehör außer einem Korb am Lenker, in den man eine Tasche legen kann. Nicht alle von ihnen rauben einem den Atem, aber das Fahren verleiht ihnen eine gewisse ästhetische Ausstrahlung, die ihnen gut steht. Sie sind in ihren Zwanzigern, und wenn sie vorbeigefahren sind, ist die Szenerie eine andere als zuvor.

Die Geisteshaltung des Zen hilft uns dabei, alles Überflüssige abzulegen, all das, was wir unserem Leben hinzufügen, um … ja, um was denn eigentlich? Die Tendenz des Zens, zu vereinfachen und uns nichts aufzuerlegen, ist ein Weg, der nur von wenigen Menschen beschritten wird. Obwohl Zen unser aller Leben bei jeder Handlung und in jeder Situation um eine neue Dimension erweitern könnte, betrachtet die Mehrheit der Leute die Dinge von der entgegengesetzten Warte aus: Wen kümmert es schon, dass für Zen-Praktizierende auch Bus- und Bahnfahren Möglichkeiten zum Erwachen sein können!

Kein wahrer Meister wird versuchen, andere Menschen anzulocken oder zu überzeugen. Ein Aphorismus, der im paradoxen Stil des Zens gehalten ist, lautet: »Wenn der Schüler bereit ist, erscheint der Meister.« An erster Stelle steht der Schüler: sein Wunsch, den Schritt zu gehen, seine Empfänglichkeit. Erst an zweiter Stelle steht das Erscheinen des Meisters, und es resultiert aus der Empfänglichkeit des Schülers: Der zweite Teil ist implizit im Schüler vorhanden.

Ich kann es nicht oft genug wiederholen: Die Rückkehr des Fahrrads ist kein vereinzeltes Phänomen, und es betrifft auch nicht nur die Straßen und Alleen, die die Sättigungsgrenze erreicht haben. Es ist Teil einer Reihe von Transformationen, die das Ergebnis eines bewussten Prozesses sind. Die Behörden sind sich dessen bewusst, dass relativ zur Anzahl der hergestellten motorisierten Fahrzeuge auch die Einnahmen durch eben diese motorisierten Fahrzeuge steigen, und zwar mit all den Vorteilen und ungewollten Nebenwirkungen, die das mit sich bringt. Ihr Verhalten ist eher eine Reaktion als eine Kreation. Die Reaktion der Fahrradnutzer: Dies ist eine Freiheit, die noch möglich ist, das hier passiert nicht wegen irgendeines Gesetzes, sondern weil Menschen die Initiative ergreifen.

Ich erzähle einem Freund, einem echten Fahrrad-Freak, was mir eine Weile zuvor mit meinem Kollegen passiert ist und unausweichlich jedes Mal wieder passiert, wenn ich mit dem Fahrrad über der Schulter die Treppe hochkomme. Hat er Angst, dass seine Angestellten infiziert werden könnten? Ist das Problem, dass ich nicht sonderlich seriös wirke? Bangt er vielleicht um mein Leben? Nein. Ich denke, was etwas in ihm auslöst, ist die Freiheit, die ich mir nehme. Zu sehen, dass einer seiner Altersgenossen Vergnügen daraus zieht, wieder mit dem Fahrrad durch die Stadt zu fahren, dies in seine Arbeit integriert und dabei auch noch Spaß hat – das berührt einen wunden Punkt. *Das* ist der Geist, den ich heraufbeschworen habe.

Ja, es beschäftigt ihn, dass ich mir selbst so etwas erlaube. Dass ich keine Angst davor habe, anders zu sein, anders sogar unter Menschen, die sich, so wie er, doch *selbst* schon anders fühlen. Er fühlt sich durch die Tatsache angegriffen, dass ich meinen Körper benutze und nicht nur darüber theoretisiere, dass ich es tun könnte. Ich setze mich nicht nur einem Verletzungsrisiko aus, sondern auch der Möglichkeit, mich lächerlich zu machen. Vielleicht spürt er das Erwachen eines wilden Kerns in sich, das stattfindet, wenn sich die Beine bewegen und aus dem unteren Zentrum heraus Kraft erzeugen. Das Erwachen von etwas sehr Urwüchsigem.

»Wenn du das Tier in dir freilässt«, sagt mein Freund, der Fahrrad-Freak, »kann auf einmal alles Mögliche wegbrechen.«

»Was einmal als seltsam galt, als Verirrung, wird plötzlich, ohne dass jemand erklären könnte, wie es dazu kam, zur sinnvollsten Alternative.«

[Greil Marcus]

In der elektronischen Musik gibt es den sogenannten Woofer-Effekt, der eine dritte Klangquelle zwischen zwei Lautsprechern erzeugt. In der Systemanalyse gilt als gegeben, dass das Ganze größer ist als die Summe der Einzelteile und das Hinzukommene aus der Überschneidung dieser Teile entsteht.

»Mehr Radfahrer auf den Straßen bedeuten, dass mehr Radfahrer auf den Straßen sein werden.«

Die Stadt als Ort

»Dieser Blickwinkel [vom Fahrrad aus] – schneller als Gehen, langsamer als ein Zug, oft ein wenig höher als ein Mensch – diente mir in den vergangenen dreißig Jahren als Panoramafenster auf einen Großteil der Welt.«

[David Byrne]

Wer einmal fortgegangen und wieder zurückgekehrt ist, sieht die Stadt mit anderen Augen. Für uns, die wir hier leben, sind die Fassaden keine Protagonisten, sondern alltäglicher Hintergrund, ein Rahmen, eine Kulisse. Wir gewöhnen uns so sehr an unsere Umgebung, dass sich Straßenzüge, neue Gebäude, die Ladenfenster, die Plakatwände immer ähnlicher werden. Wir nehmen den einzigartigen Charakter jedes Orts, Hauses, Platzes, jeder Straße oder Ecke gar nicht mehr wahr ... und was wir sehen, ist eine flache Landschaft, eintönig geworden durch unsere Routinefahrten in Bussen und Autos. Wir sehen mit alten Augen, die nichts mehr entdecken wollen.

Ich war einige Jahre lang gezwungenermaßen viel mit dem Auto unterwegs, und ein-, zweimal die Woche musste ich in verschiedenen Richtungen die Stadt durchqueren. Ich sagte dem Auto, komm, wir fahren an den und den Ort, und es fuhr quasi von selbst, immer dieselben Wege entlang. Meine innere Landkarte wurde reduziert auf einige Schleichwege, Hauptstraßen, Straßenschilder, Staus und Schlangen. Was sich dort sonst noch befand, nahm ich kaum wahr.

»Städte«, schreibt der Musiker David Byrne, ehemaliger Leadsänger der Talking Heads, im Vorwort seiner *Bicycle Diaries,* »sind physische Manifestationen unserer tiefsten Überzeugungen und der oft unbewussten Gedanken, die wir weniger als Individuen denn als die sozialen Tiere pflegen, die wir sind. […] Mit dem Fahrrad durch sie hindurchzufahren ist, als würden wir durch die kollektiven neuralen Wege eines gewaltigen globalen Gehirns steuern.«

Sieht man die Stadt aus geringerer Distanz, nicht mehr als gesichtslosen Block mehr oder minder identischer Fassaden, sondern als Vielfalt an Vierteln, wird sie freundlicher und weniger anonym.

Ein Haus mit einem Vorgarten, einer Pergola und einer Dame, die einen langstieligen Staubwedel schwingt. Ich kann nicht anders, als diese Szene mit all den anonymen und unpersönlichen Fassaden der anderen Gebäude zu vergleichen. Der Kontrast ist enorm. Er bringt mich dazu, über die Wahl – beziehungsweise Nicht-Wahl – nachzudenken, die wir alle in Bezug auf unser Leben treffen. Sie lässt uns durch die Stadt gehen wie Blinde. Die Stadt wird zu einem Labyrinth, dessen Wände uns so vertraut sind, dass sie jegliche Form verlieren.

Das ist keine Entfremdung, kein Anderssein, keine Nonkonformität, keine Vereinzelung. Keines der Worte, die wir in den Jahren vor der Postmoderne nutzten, kann diesen Eindruck zusammenfassen.

Wenn wir im Zen meditieren oder es zumindest versuchen, neigen unsere Gedanken und aktuellen Sorgen dazu, uns die Schaltkreise entlangzuführen, die sich durch Gewohnheit herausgebildet haben. Die Meditationspraxis zielt darauf ab, den Kopf von Inhalten zu befreien und uns offen zu machen für neue Routen, die wir selten benutzen, und neue Ideen ins Bewusstsein zu holen, die uns vor die Frage stellen: »Wir kann es sein, dass ich etwas so Offensichtliches nicht schon vorher erkannt habe?« Sie waren die ganze Zeit über da, aber unser inneres Auge ist an ihnen vorbeigeglitten, weil es auf seinen gewohnten Pfaden unterwegs war. Mit dem Fahrrad durch die Stadt und das Umland zu fahren, hat eine ganz andere Wirkung, als wenn wir dieselbe Strecke mit Auto oder Bus zurücklegen würden. Man reist nicht in einer Schuhschachtel und schaut durch winzige Löcher, sondern befindet sich mitten im Geschehen.

Man sieht dieselben Dinge aus einer anderen Perspektive. Wenn man ohne vorausgeplante Route Fahrrad fährt und sich einfach von dem leiten lässt, was man sieht, entdeckt man, dass sich in manchen Vierteln, die man zu kennen glaubte, weitere Viertel verbergen, Überbleibsel des Alten, neue Strukturen und Gewohnheiten.

Langsam mit dem Fahrrad zu fahren und den Blick dabei weniger auf den Ort zu richten, den wir erreichen wollen, als auf unsere Umgebung, vielleicht auch einfach anzuhalten, wenn uns etwas gefällt, ermöglicht uns die Wahrnehmung von Details, an denen wir wachsen können – große, kleine Entdeckungen in sich.

Offen zu sein für das, was geschieht, hinzusehen, ohne etwas zu fixieren, sein Blickfeld zu erweitern und mehr wahrzunehmen – all das wird im Zen als »vollständige geistige Präsenz« oder »Achtsamkeit« *(sati)* bezeichnet. Der vietnamesische Lehrer Thich Nhat Hanh sagt, dass jede Handlung, die wir in einem Zustand der Achtsamkeit ausführen, in ein Ritual, eine Zeremonie verwandelt werden kann. Das Schlafzimmer zu putzen, eine Teetasse zu halten, aus dem Fenster zu sehen … Alles kann ein Ritual sein, je nachdem, mit welcher Geisteshaltung wir es tun.

Das Wort »Ritual« hat vielleicht einen zu feierlichen Beiklang. Im Zen wird es benutzt, damit der Praktizierende sofort versteht, dass Achtsamkeit und bewusstes Handeln keine Option sind, sondern eine Frage von Leben und Tod. Ein Erwachen aus der Dunkelheit der Illusion in die Realität, wie sie wirklich ist.

Achtsamkeit zu entwickeln scheint auf den ersten Blick dasselbe zu sein wie eine Konzentration der Aufmerksamkeit, sich also für Erfahrungen zu öffnen und die Linsen zu vergrößern, durch die wir die Welt sehen. Achtsamkeit bedeutet, in der Erfahrung zu sein und direkt zu sehen. Frederick Frank vergleicht dies in *The Zen of Seeing* (Das Zen des Sehens) mit einem Auge, das nicht urteilt, moralisiert oder kritisiert – es akzeptiert nur. Zu akzeptieren bedeutet, zu sehen, was ist. An diesem Punkt öffnet sich das Urteilsvermögen und erweckt das Dritte Auge, und dieses sieht, dass alles miteinander verbunden ist.

Die unsichtbare
GEMEINSCHAFT

»Eins zu sein und Teil des großen Ganzen
zu sein ist ein und dasselbe.«

[Fred Donaldson]

Gestern waren wir noch Störenfriede im Verkehrssystem, heute sind wir ein ganzer Schwarm, und schon bald werden wir eine Plage sein. Ohne zu sprechen und ohne uns zu berühren, multiplizieren wir uns ganz von selbst. Vereine bilden sich. Stadtbehörden organisieren Fahrrad-Rallys. Sie planen Radwegnetzwerke, die von Norden nach Süden, von Ost nach West führen sollen, richten gekennzeichnete Fahrradparkplätze ein, erhöhen die Anzahl öffentlicher Radstationen und dort verfügbarer Fahrräder. Sicherheitsprobleme und Straßensicherheit werden diskutiert, in manchen Gegenden wird der Kauf von Fahrrädern durch die Stadt oder Gemeinde sogar finanziell unterstützt. Einige Kleinstädte im Landesinneren machen Werbung für Fahrradtagesausflüge, um Aufmerksamkeit auf ihre Sehenswürdigkeiten zu lenken. Der traditionelle Fahrradladen erobert seinen Platz unter den lokalen Geschäften zurück. Filmfestivals rund um das Thema Fahrrad werden organisiert. Das Wort »Fahrradfahren« wird nicht mehr ausschließlich mit Fahrradrennen assoziiert, die Medien verwenden Ausdrücke wie »Radkultur«, um das Phänomen zu beschreiben.

Im Dunstkreis der Bewegungen und Aktivitäten, die rund um den Fahrradboom entstehen, haben einige Hersteller sogar einfache Werkstätten für Kinder und Erwachsene eröffnet, um Interesse an einer Ausbildung zum Zweiradmechaniker zu wecken. Es wird geschätzt, dass dank des Wachstums der Branche zweihundert neue Zweiradmechaniker pro Jahr benötigt werden dürften.

»Ich hätte nie gedacht, dass das hier eines Tages Teil einer Revolution sein würde«, vertraut mir eine ältere Dame, die anmutig auf einem Fahrrad mit kleinen Rädern dahinfährt, leise an. »Wie ich mein Fahrrad nenne?«, fragt sie. »Meine Chiquita.« Oft sagt sie zu ihm: »Auf geht's, meine Chiquita.«

Wenn sich zwei Radfahrer begegnen, grüßen sie sich mit den Augen, lösen den Blick dabei aber niemals wirklich vom Weg vor ihnen. Es dauert nur eine Sekunde, manchmal ist es nicht mehr als ein flüchtiges Zwinkern. Sie brauchen sich nicht zu kennen. Diese minimale Geste ist ausreichend, um zu bestätigen, dass sie etwas gemeinsam haben. Dann fahren sie weiter, jeder geht seiner Wege.

Wenn sich früher Autofahrer mit demselben Modell im Verkehr begegneten, grüßten sie einander mit der Lichthupe. Unter Radfahrern – selbst wenn der eine ein Luxusmodell fährt und der andere ein ganz einfaches – findet ein schweigendes Erkennen statt, das das Gefühl zum Ausdruck bringt, derselben

Bewegung anzugehören. Es ist nicht nötig, dieses Empfinden in Worte zu fassen. Man weiß, dass der andere zumindest in diesem einen Punkt genauso ist wie man selbst. Man hat etwas gemeinsam. Man weiß, der andere hat dasselbe innere Erleben, und er hat ebenfalls begriffen, dass es möglich ist, im Stadtverkehr Fahrrad zu fahren.

Sie mögen verschiedenen urbanen Stämmen angehören, ein unterschiedliches Geschlecht oder Alter haben, gegensätzliche Eigenschaften und Interessen. Vielleicht nutzen sie ihre Fahrräder sogar aus verschiedenen Gründen. Aber dennoch ist da eine stillschweigende innere Haltung, intim, gleichzeitig aber auch solide: Ich begeistere mich für das hier. Es ist praktisch. Es »passt« zu einem Teil von mir.

Mal ganz abgesehen von der Tatsache, dass Räder nur für eine Person gedacht sind (das Verkehrsrecht verbietet es, jemanden mitzunehmen), trifft man die Entscheidung, Fahrrad zu fahren, ganz allein, und man trifft sie nur für sich selbst und muss sich dabei häufig genug gegen die aus Angst geborenen Vorurteile seiner Mitmenschen durchsetzen.

Selbst wenn man gemeinsam mit anderen oder zwischen ihnen fährt, ist man stets allein und spricht beim Fahren so gut wie nie. Man denkt, man erlaubt sich selbst zu denken. Die Gedanken kommen und gehen und sind durchdrungen von dem, was wir sehen. Es kommt ein Zeitpunkt, an dem man vergisst, dass man denkt. An dem man nicht einmal mehr mit sich selbst redet. Wo er mit seinen Gedanken auch sein mag – der Radfahrer unternimmt seine Reise allein. Er ist ein Einzelgänger.

Ein Einzelgänger zu sein, bedeutet nicht, einsam zu sein. Es bedeutet, bei sich selbst zu sein. Auch ohne die Anwesenheit eines anderen Menschen in Gesellschaft zu sein. Er befürchtet nicht, für seltsam gehalten zu werden. Er besitzt die Fähigkeit, in diesem Raum zu verweilen und dabei Frieden zu empfinden. Und mehr noch als das: Er *benötigt* solche Augenblicke.

Im Buddhismus gibt es ein Wort, das zunehmend auch in anderen Zusammenhängen verwendet wird: *sangha*. Wortwörtlich übersetzt bedeutet es so viel wie »eine Gemeinschaft von Praktizierenden«, oder etwas genauer: eine Gruppe mit einem gemeinsamen Ziel, einer gemeinsamen Vision oder Überzeugung. Die Mitglieder brauchen einander nicht zu kennen, sie müssen nicht im selben *dojo* meditieren, demselben Lehrer oder derselben Unterströmung folgen oder ihre Überzeugungen im selben Ausmaß leben. Um den anderen als Gefährten zu betrachten, reicht das Wissen, dass er denselben Weg eingeschlagen hat wie man selbst.

Der Wert dieser Art von Gemeinschaftssinn liegt darin, dass der Praktizierende oder Suchende in dem Moment, in dem er sich als Bestandteil des Ganzen fühlt und anderen dasselbe Gefühl ermöglicht, die Einsamkeit, mit der er sein Tagewerk beginnt, in eine Gemeinschaft einbringt, die diese Einsamkeit transzendiert.

Das Wissen, dass es ein *sangha* gibt, beschert uns das Gefühl, nicht allein zu sein, nicht in einer Gesellschaft dahinzutreiben, die eher dazu neigt, zu standardisieren und zu trennen als zu vereinen. Eine unsichtbare Gruppe schützt uns und gibt uns das Gefühl, eine Zuflucht zu haben.

Das *sangha* der Radfahrer in der Stadt erinnert uns daran, dass alle Gleichgesinnten Teil eines stillschweigenden, selbstselektierenden Netzwerkes sind, das inzwischen fast alle Städte auf diesem Planeten durchdringt.

Erkennst du all dies in deinem Gegenüber, dann erkennst du es auch in dir selbst.

Die Buddhisten pressen die Hände vor der Brust zusammen und neigen Kopf und Oberkörper leicht. Mit dieser Geste, dem *ghasso*, grüßen sie das Wesen Buddhas, das ihrem Gegenüber innewohnt. Beim Radfahrer entspricht diese Geste dem flüchtigen Blick, den er anderen Radfahrern schenkt. Dieser Hauch eines Lächelns ist sein Zeichen des Zens.

»Wen hast du da gerade gegrüßt?«
»Den Radfahrer da drüben.«
»Kennst du den?«
»Nein.«

Mit dem Wind treiben

Die meisten Radfahrer mögen zwar gar nicht wissen, was *dharma* bedeutet (und verwechseln es immer wieder mit *karma*). Dennoch verbirgt sich in ihren Handlungen, ganz gleich, wie bedeutungslos sie in Anbetracht all dessen, was auf dieser Welt noch geschehen sollte, auch wirken mögen, viel von dem, was *dharma* bedeutet: das Richtige zu tun.

Das »Warum?« und das »Weswegen?« sind in Anbetracht des »Wie?« bedeutungslos. Noch wichtiger aber ist die Frage, von welchem Standpunkt aus wir handeln.

Wie allen Anhängern des Buddhismus fällt es auch ihnen anfangs schwer zu akzeptieren, dass viele Handlungen, besonders solche, die das Soziale betreffen, nicht aus reinem bürgerlichen Aktivismus heraus entstehen, sondern von einer höheren Kraft (dem *dharma*) geleitet werden. Handlungen, die uns notwendig erscheinen, ohne dass wir uns darum scheren, ob sie zu einem Ergebnis führen, ob wir dafür belohnt werden oder wer von ihnen profitiert. Handlungen, die scheinbar durch unser Ego motiviert sind, aber in Wahrheit auf die Signale einer universellen natürlichen Ordnung reagieren.

Dharma steht auch für das, was die Dinge zusammenhält und eint. Genauer: was sie erhält und bewahrt – Vorstellungen, die auch einer umweltbewussten Haltung zugrunde liegen.

TEIL II

Ich feiere das Fahrrad in dir

Die Praxis, der Genuss

EINFACH FAHREN

In dem einfachen Vorgang, auf ein Fahrrad zu steigen und loszufahren, sind alle Lehren des Zens repräsentiert. Das Gleichgewicht zu halten und eine Trittfrequenz aus festen, geschmeidigen Bewegungen zu finden, aktiviert die Gehirnwellen. Einstein kam die Idee für die Relativitätstheorie beim Radfahren. Man mag es kaum glauben, aber Radfahren führt zu der gleichen Art von Freiheit wie Meditation.

»Mach Platz. Oder mach keinen Platz und vertraue darauf, dass dir jeder, der auf dich zukommt – ob auf dem Rad oder zu Fuß, von links oder rechts, manchmal auch aus der falschen Richtung –, ausweichen wird – eine Verhandlung, die nur Sekunden oder sogar nur Sekundenbruchteile dauern kann und während der nur der Anfänger beschleunigt oder eine Vollbremsung einlegt.

Fast jeder legt ein ähnliches Ausmaß an Geschicklichkeit an den Tag und beschleunigt oder bremst gerade so weit ab, dass der Fluss stets sein Tempo ändert und dabei nie zum Stillstand kommt. Eine kleine Verzögerung, ein winziger Umweg, ein wenig Abbremsen oder Beschleunigen sorgt dafür, dass jedes Mal, wenn sich zwei Bewegungsbahnen kreuzen, ein Zusammenprall um den Bruchteil einer Sekunde oder wenige Zentimeter verhindert wird. Für den Anfänger, der sich die Nase zuhält, die Augen schließt und ins kalte Wasser springt, sieht all das aus wie eine wahnsinnige Mischung aus Mut und Meinungsverschiedenheit.

Teilweise bestehen die Fähigkeiten des Einheimischen oder regelmäßigen Fahrers auch darin, den tollpatschigen Fremden zu umgehen und seine Fehler und abrupten Bremsungen vorherzusehen.«

[Antonio Muñoz Molina, *Para un diccionario básico*, in *El País*, 15. September 2012]

Mit OFFENEN AUGEN fahren

Samstagmorgen. Zwischen den Regalen eines chinesischen Supermarkts glaube ich, eine Gestalt aus einem Comic in der Sonntagsbeilage zu erkennen. Der Mann ist klein, hat kurzrasierte Haare und trägt einen Ausdruck ständiger Überraschung auf dem Gesicht. Sein Einkaufswagen ist voller Naturprodukte. Zwischen ihnen liegt sein Fahrradhelm. Als er meinen Helm bemerkt, der mir vom Unterarm baumelt, merkt er an: »Na, mal sehen, ob wir das alles mit dem Fahrrad nach Hause bekommen!«

Genauso wie das Radfahren ist auch Zen weder Methode noch Dogma oder Religion. Es ist eine Art und Weise, mit dem Leben umzugehen, eine nonverbale Erfahrung, die es uns ermöglicht, besser mit uns selbst in Kontakt zu kommen. Es eliminiert unsere Angst, unsere Sorgen, Reaktionen oder die Macht der Gewohnheit nicht, sondern zeigt, wie diese Dinge unser wahres Wesen überlagern können.

Beim Fahrradfahren lernt man etwas über sich selbst. Es ist genauso, als würde man eine Kampfkunst oder andere Kunstformen ausüben. Unsere Gegner sind die Aktivität selbst, die Straße, unsere Fahrweise und die Entdeckungen, die wir dabei machen. Wir kämpfen darum, die Hindernisse (Vorstellungen, Worte, falsche Überzeugungen) zu erkennen, die uns dazu bringen, alte Gewohnheiten beizubehalten.

In Japan geht die Vorstellung von Kunst über das Ästhetische und das literarische, darstellende oder musikalische Kunstwerk hinaus ... Kunst ist die »Einstellung«, mit der ein Mensch eine Tätigkeit ausübt, ganz gleich, ob diese Aktivität nun im strengen Sinne künstlerisch ist oder nicht. Kunst ist, was geschieht, wenn man sich dem Erlebnis jenseits von technischem Wissen hingibt und sich von seiner Tätigkeit führen lässt, wo auch immer sie einen hinbringt. Kunst ist alles, was grundlegend in Richtung eines Prozesses geht, der während seiner Entfaltung seine eigenen Regeln aufstellt.

In den meisten japanischen Kampfkunstformen wird diese Haltung durch die Endung *-do (judo, taekwondo, aikido, kyudo)* ausgedrückt, die einer Tätigkeit einen Beiklang von »Weg«, von »Pfad« verleiht – sie ist also eine Straße, die man beschreitet. Es ist kein phonetischer Zufall, dass die Kunst des Blumensteckens *(kado)* und viele weitere Aktivitäten mit derselben Silbe enden.

Der praktische Aspekt des Radfahrens ist die Art und Weise, »wie« wir es tun. Mit dem Begriff des Weges ist hier nicht gemeint, dass wir auf ein Ziel zugehen. Gemeint ist das, was wir auf dem Weg entdecken, während wir Kontakt dazu aufbauen, wie wir an die Tätigkeit herangehen. Das, was wir in dem inneren Zustand entdecken, den wir durch das Ausüben erreichen. Das, was wir durch die ruhige, präzise Art entdecken, mit der wir alle Bewegungen ausführen, wie bedeutungslos sie uns auch erscheinen mögen. Das, was wir mit dem Blick erkennen, der zur gleichen Zeit nach innen und nach außen gerichtet ist.

Betrachten wir das Radfahren im Stadtverkehr als Methode in dem Sinn, den Zen in jeder nicht wettbewerbsmäßigen Sportart oder Kunstform sieht, wird eine ganz neue Herangehensweise an diese Erfahrung möglich. Fahrradfahren, ohne sich über die bloße Tatsache der Tätigkeit selbst hinausgehend etwas davon zu erwarten, ist ähnlich, als würde man sich nur in Bewegung setzen, um dem ständigen Sitzen entgegenzuwirken oder möglichst günstig an einen anderen Ort zu gelangen: Die Tätigkeit wird in eine Art introspektive Praxis umgewandelt. Das ist Zen pur.

In der japanischen und chinesischen Tradition besteht das Hauptziel aller Sport- und Kampfkunstarten nicht darin, miteinander zu wetteifern und zu gewinnen. Sport gilt hier nicht als Möglichkeit, besser zu sein als alle anderen. Man schwingt hier nicht Schwert und Degen, um einen Gegner zu besiegen – die Sicherheit, den Gegner besiegen zu können, macht die Notwendigkeit, sich überhaupt mit ihm messen zu müssen, hinfällig. Man tanzt nicht, um rhythmische Bewegungen zu erzeugen oder anderen ein ästhetisches Vergnügen zu bereiten – die Tänze sind Praktiken, die dazu dienen, Harmonie zwischen dem Bewusstsein, dem Unterbewusstsein und den verschiedenen energetischen Zuständen, aus denen wir uns zusammensetzen, herzustellen.

In der Wiege des Zens gelten die körperlichen Aktivitäten, die wir Menschen aus dem Westen als Sport bezeichnen, als Rituale. Sie werden als Künste respektiert und auch geehrt. Die körperlichen Künste erfordern keine sportlichen Fähigkeiten, keine Meisterschaft des Körpers, sondern die Bereitschaft, seinen Körper ganz der Tätigkeit hinzugeben. Ihre Bedeutung liegt nicht in der Aneignung der Fähigkeiten, sondern in inneren Übungen, deren Zweck darin besteht, die Transparenz, den Einklang und die Unterwerfung unter jene Kraft zu erreichen, die im eigenen Inneren aufkommen, wenn Wille und Bewegungen eins werden.

Beim Bogenschießen, in Japan ein Traditionssport, wird man nicht darauf trainiert, seine Treffsicherheit zu verbessern, sondern darauf, eine natürliche Loslösung des Pfeils zu erreichen. Der Pfeil »schießt sich ab« und trifft das Ziel, aber nicht, weil der Schütze sein Auge auf den Pfeil, die Sehne, die Schwerkraft und das Ziel ausgerichtet hat, sondern weil der Schütze zentriert und im Gleichgewicht ist.

Ein Zen-Meister des Radfahrens würde sagen: *fahren, fahren*. Ehe er ein anderes Wort von sich gibt, würde er seinen Schüler lange Zeit einfach nur *fahren* lassen. Vielleicht wäre er selbst auf einem Rad dabei und würde den Schüler von hinten beobachten, ohne ihn zu beeinflussen, und auf ein Zeichen warten, dass der gewaltige Ideenfluss, der den Schüler durchläuft, langsam durch seine eigene Inkonsistenz verdünnt wird.

Und dann, wenn wir zu begreifen beginnen, dass es hier um etwas anderes geht, wird der Meister vielleicht noch einmal den Mund aufmachen und sagen: »Mach genauso weiter, ohne darauf zu achten, was ich tue.«

Im Japanischen bedeutet Übung *(shugyo)* das Aneignen von Können, das Stärken von Fähigkeiten, Training. Im Sanskrit werden zwei Worte kombiniert, »Gehen« *(patti)* und »Vorne« *(para* oder *prati)*. Im Chinesischen bezieht man sich mit *xiu xing* auf den Meister als Meister seiner selbst, jemand, der vollendet, kultiviert, studiert, handelt und schließlich geht. Die *practike techne* der Griechen geht zurück auf die Vorstellung, sich durch Handeln etwas anzueignen.

Je nach Kontext kann das spanische »*práctica*« so viel bedeuten wie Versuch, Übung, Erfahrung oder Geschicklichkeit oder das regelmäßige Ausüben einer bestimmten Aktivität, in der man dadurch gewisse Fähigkeiten entwickelt.

Fahrradfahren ist so unkompliziert, dass man beim ersten oder zweiten Aufsteigen bereits einfach losfährt und vergisst, dass es sich auch um ein inneres Training handelt.

Jeder Aktivität, die auch darauf abzielt, dass wir den reinsten Teil unserer selbst erkunden und ihm Ausdruck verleihen, verleiht das Konzept der Praxis eine weitere Bedeutung: die Chance, Fehler zu machen und diese Fehler als Zeichen zu deuten. Warum? Damit man sie transformieren kann.

Wenn man nicht erkennt, was man falsch macht, wenn man den Fehler nicht akzeptiert, sondern ihn zurückweist, oder wenn man versucht, ihn wie einen Feind zu bekämpfen, wird es schwer, ihn zu transformieren.

Die Einstellung, zu akzeptieren, »das passiert, was eben passiert«, findet sich in verschiedenen Disziplinen, die sich mit dem menschlichen Verhalten befassen, und ist ein humanistisches, gleichzeitig uraltes und zukunftsgerichtetes Menschenbild. Es sieht einen radikalen Unterschied zwischen Veränderung und Transformation. Ein Teil geht kaputt, dann wird er ausgewechselt und verwandelt sich in etwas anderes. Das funktioniert ja ganz wunderbar mit einer Maschine, aber wie soll man dasselbe mit einer persönlichen Eigenschaft anstellen? Es ist doch unmöglich, sie zu entfernen und mechanisch durch eine neue zu ersetzen! Man kann versuchen, sie zu isolieren, sie unter kontrollierten Bedingungen unter Beobachtung zu halten, sie weitgehend zu ersticken und zu unterdrücken, sobald sie sich wieder manifestieren will. Doch sobald man einmal nicht hinsieht, kann sie jederzeit rebellieren und sich in anderer Form erneut manifestieren.

Zuzugeben, dass wir nun einmal so sind, dass wir bestimmte Eigenschaften haben, die wir nicht mögen (oder die uns in keinem sonderlich guten Licht dastehen lassen), und mit einer liebevollen Haltung an sie heranzugehen, wird möglich, wenn wir den richtigen Weg der Akzeptanz beschreiten, der uns in einen harmonischeren Zustand führt. Indem wir nicht versuchen, uns zu ändern, verändern wir uns.

Die Theorien der Psychiatrie und Psychologie beginnen wie alle wahren mystischen Praktiken damit, dieser inneren Stimme zu lauschen. Ihr Ziel besteht darin, uns beizubringen, wie wir erkennen können, dass unter der Oberfläche unserer selbstzerstörerischen Verhaltensmuster und Mechanismen, die unsere Essenz unterdrücken, eine weise Entität vorhanden ist, auf die wir hören sollten. Das, was im Bereich der Psychologie als »Unbewusstes« bezeichnet wird, als »inneres Kind«, unterscheidet sich nicht sonderlich von der buddhistischen Vorstellung des »Spirit« oder »Lichts«.

Und das Konzept von Übung bedeutet, komplett man selbst zu sein, im Hier und Jetzt:

- in diesem Augenblick absolut man selbst zu sein;

- vollkommen eins zu sein mit dem, was man tut;
- vollkommen eins zu sein mit allen Aspekten des Alltags.

Beim Meditieren wird der grundlegende Vorgang, den wir ausführen sollen, auf verschiedene Arten beschrieben: initiiere nichts. Beginne nichts. Lass los. Weise freischwebenden Gedanken ihren Platz zu. Wenn es ein Ziel gibt, besteht es darin, eine disziplinierte Struktur, einen Rahmen zu liefern, in dem wir entdecken können, was unser innerstes Wesen ausmacht. Jeder Einzelne von uns.

Die Praxis hat keinen Anfang und kein Ende. Jeder typische Meditierende, Schwarzgurt einer Kampfkunst oder erfahrene Künstler kennt das. Und auch der Radfahrer, der niemals aufhört zu üben, kennt es. Deswegen beschwert er sich nie und wiederholt als Anfänger immer dieselben Abläufe, um diese Form der Verinnerlichung zu erreichen.

Wer mit der Formel »Wenn du unserem Rat folgst, wirst du erreichen, wonach du suchst« aufwuchs, wird es schwer finden zu akzeptieren, dass das Training ein ganzes Leben dauern kann. Unser Kopf will von vornherein wissen, dass wir eines Tages behaupten können: »Ich hab's geschafft.« Es dauert lange, sich einzugestehen, dass man den Preis immer vor der Nase hatte und er in der Ausübung selbst liegt.

Ein Nachbar empfiehlt mir seinen Frisör. Eines Tages gehe ich hin, ganz früh am Morgen. Der Laden ist geschlossen.

Ich warte, lehne mich dabei an ein geparktes Auto. Zwei Minuten später kommt ein Mann auf einem Rad angefahren, das speziell für Bergrennen gedacht ist. Kurze Hosen und Lycrahemd, Helm, Rucksack, Sportbrille, Handschuhe, Fahrradschuhe ... Er holt seine Schlüssel hervor, schiebt das Metalltor hoch und verschwindet wortlos im Inneren. Ich sehe ihm zu, wie er durch eine Tür an einem Treppenabsatz verschwindet. Kurze Zeit später kommt er in Freizeitkleidung wieder heraus und sagt: »Komm doch bitte rein.« In einem Spiegel sehe ich den Hinterreifen seines Fahrrads, das halbversteckt unter der Treppe steht.

»Trainierst du?«, frage ich ihn.

»Ja. Ich wohne zwanzig Kilometer weit weg. Jeden Tag fahre ich hin und zurück. Das Auto, an das du dich gelehnt hast, ist meines. Es steht hier die ganze Zeit nur herum.«

Als ich einen Monat später wiederkomme, erzählt er mir, dass er am nächsten langen Wochenende vielleicht an einem Radrennen in den Bergen teilnehmen wird. Er holt eine Karte heraus, die er bei Google Maps ausgedruckt hat, und analysiert die Kurven, Steigungen und Hänge. Er ist sich noch immer nicht sicher, ob er mitmachen kann. Ich frage ihn, ob er jemals nur um des Fahrens willen fährt. Wer trainiert, vergisst manchmal, aus reiner Freude zu fahren. Und er liest mir vor: »Wenn ich laufe, laufe ich einfach. Normalerweise laufe ich inmitten der Leere.« Er sieht zu mir auf und zeigt mir das Buchcover. Haruki Murakami: *Wovon ich rede, wenn ich vom Laufen rede*.

»Wie ist es gelaufen?«, frage ich ihn einen Monat später.

»Ich habe nicht mitgemacht, es war zu gefährlich.«

Kenne deine Grenzen.

Die ewige Gegenwart

»Beim Fahren ist das Fahrrad,
wo das Fahrrad nicht ist.«

[Nach einem alten chinesischen Paradoxon]

Bilder, Abstraktionen, keine Worte, die Straße vor mir, wie lange wird die Fahrt dauern?, was mache ich an meinem Ziel?, Spuren dessen, was ich vor ein paar Minuten getan habe, eine Unterhaltung, Bilder vor meinem geistigen Auge, aufflammende Ideen, die ununterbrochen mit anderen assoziiert werden, Leere … Wenn man filmen könnte, was sich bei uns im Kopf abspielt, während wir – auch bei aller Aufmerksamkeit und Vorsicht – auf dem Fahrrad umherfahren, würde man in etwa so eine Abfolge erhalten.

Die geistige Aktivität hört nicht auf. Es ist vielmehr so, dass die Beinbewegungen, die Energien, die dabei zum Einsatz kommen, die Schwingungen, die durch Lenker und Sitz übertragen werden, der Wind auf Gesicht und Armen sie nach und nach verringern oder zwingen, mit anderen Geisteszuständen zu koexistieren, besonders mit jenem selten auftretenden Zustand der Aufmerksamkeit für das, was »hier« passiert, genau jetzt, Moment für Moment. Andere Gedanken – den Kopf woanders haben – führen zu einem Gefühl des Egozentrismus, der einige Radfahrer glauben lässt, sie wären allein auf der Straße. Das Unerwartete geschieht: Der Radfahrer macht ein plötzliches Manöver und stürzt. Größere Präsenz: Lass dich durch die Abfolge gegenwärtiger Augenblicke fließen, und dies erzeugt ein fließendes Aufmerksamkeitsgefühl.

Sei im Hier und Jetzt, empfehlen Sportlehrer und spirituelle Lehrer. Das klingt zunächst einmal so einfach wie Gehen, aber es entpuppt sich als etwas Unkontrollierbares. Es lässt sich nicht mit reiner Willenskraft erreichen. Der Entschluss, den Kopf im »Hier« zu verankern, und sich dann einzubilden, er könne nicht mehr weg, ist nicht ausreichend. Das Geschnatter im Kopf, der Film, die Ausflüge an andere Orte – sie alle kommen zurück, sobald wir unvorsichtig werden, und machen sich in unserem auf das Jetzt gerichteten Bewusstsein breit. Und der Verstand ist so daran gewöhnt, dass er es nicht einmal mehr richtig wahrnimmt, wenn es passiert.

Obwohl wir in der Gegenwart bleiben wollen, entspricht es unserem Wesen, immer hierhin und dorthin zu wandern, ohne unsere Denkweise infrage zu stellen. Zudem ist der aktuelle Augenblick flüchtig: Ehe wir ihn festnageln können, ist schon der nächste Moment gekommen, und dann der nächste und wieder der nächste. Das Problem besteht darin, wie man in dieser Aneinanderreihung von »Jetzten« an einem bestimmten Punkt verweilen soll.

Ein Mönch kommt in ein Dorf und betritt eine Stoffhandlung, um zu fragen, wo er das Kloster findet. Dabei hört er den folgenden Dialog zwischen Besitzer und einem Kunden an:

»Zeig mir die besten Stoffe, die du hast.«

»Alles hier ist das Beste. Du wirst keinen Stoff finden, der nicht der Beste ist.«

Als der Kunde beiseitetritt, um die Stoffe zu begutachten, fragt der Händler den Mönch: »Was kann ich für Sie tun?«

Der Mönch legt die Hände beisammen und sagt: »Ich möchte gerne bleiben und in Ihrem Geschäft meditieren.«

Sich wirklich und wahrhaftig dessen bewusst zu werden, was wir Tag für Tag beobachten, wenn wir auf Autopilot durchs Leben steuern, ist ein Weg ins Zen.

Beim Radfahren nehmen wir in unserem Inneren als Erstes das flache Geräusch wahr, mit dem die Luft durch die Löcher in Nase und Mund ein- und wieder austritt. Sind wir entspannt und lassen uns davon leiten, bemerken wir, dass dabei ein Rhythmus entsteht. Es spielt keine Rolle, ob die Atemzüge lang oder kurz sind, ob noch Platz für mehr Luft wäre oder ob wir alles ausatmen, was wir eingeatmet hatten. Wenn wir anfangen, mit unserem inneren Auge zu sehen, können wir die Körpergegenden identifizieren, die die Luft erreicht.

Atmung ist die beste Möglichkeit, eine Verbindung mit dem Hier und Jetzt aufzubauen.

Die Yogis sagen, wenn wir einatmen, nähren wir nicht nur uns selbst mit der Energie des Universums *(prana)*, sondern wiedervereinen diese Energie auch mit der universellen Energie, die wir in uns tragen. Und tatsächlich zeigt bewusstes Atmen, wie das Gesetz der Gegenseitigkeit zwischen Verstand und *prana* funktioniert. Ruhiges Einatmen geht unausweichlich mit ähnlichen Geistesaktivitäten einher. Kurzer Atemzyklus, aufgewühlter Verstand.

Selbst mitten im Verkehr kann man bewusstes Atmen üben, beispielsweise einfach eine bestimmte Anzahl von Atemzügen lang, sagen wir, zehn Mal ein, zehn Mal aus. Oder man konzentriert sich darauf, wie man in die Pedale tritt oder wie viele vollständige Umdrehungen der Pedale stattfinden. So trainieren wir unseren Verstand, inmitten des Kreuzfeuers beiläufiger Gedanken, umherschweifender Gedanken, Gedanken an die Vergangenheit, Gedanken an die Zukunft, die Ruhe zu bewahren.

Am besten ist es, die Aufmerksamkeit darauf zu richten, wie der Luftfluss in den Körper eintritt, wo er hinreicht, wie er die Lungen dehnt und sie dann wieder verlässt und welche Orte er dabei durchfließt. Aber noch ehe wir dabei zum dritten oder vierten Atemzyklus gelangen, fällt uns vielleicht schon auf, dass ein Gedanke an uns vorüberzieht, ein ganz kleiner nur, der sich auf das bezieht, was wir hier machen, die Unmöglichkeit, sich an den natürlichen Takt zu halten, vielleicht auch ein Gedanke über all die Dinge, die du über Atmung weißt. Oder du stolperst über eine Erinnerung an etwas, das du noch zu erledigen hast: Morgen ist die Telefonrechnung fällig und ich muss das Konto vorher noch aufstocken. Manchmal taucht eine ganze Reihe unzusammenhängender Bilder auf, oder ein Gedanke an irgendeinen Aspekt unserer Route. Du atmest einfach weiter, zählst bis sechs, sieben … und plötzlich merkst du, dass dein Verstand schon wieder an andere Dinge denkt als die Luft, die in dich ein- und austritt, obwohl du dich doch so auf die Atmung konzentriert hattest! Egal. So muss es jetzt, in diesem Augenblick, offenbar sein:

Du begreifst, dass der Verstand nicht beherrschbar ist, nicht einmal für sehr kurze Zeiträume.

Wer mit dem Meditieren beginnt, entdeckt als Erstes, dass der Wasserfall der Gedanken niemals versiegt, nicht einmal für eine Sekunde. Das kann verwirrend und enttäuschend sein. Es bringt manche Leute dazu, daran zu zweifeln, dass Meditieren eine effiziente Möglichkeit ist, Konzentration zu erlernen.

Es ist nicht so, dass die Gedanken verschwinden und zurückkehren, weil wir meditieren oder unser innerer Fokus auf der Atmung liegt. Es ist vielmehr unsere Präsenz im Hier und Jetzt, die unser Gewahrsein erzeugt.

Die Gedanken waren immer schon da, aber oft haben wir sie gar nicht bemerkt. Deswegen ist diese Erfahrung an sich schon ein Zeichen des Fortschritts.

Bewusstwerdung bedeutet eine Annäherung an einen der schwierigsten Augenblicke des Wahrnehmens all der Milliarden von Sekunden und Gedanken, die das Leben in deinem Körper ausmachen: Es ist das paradoxe Jetzt, über das schon so viel gesagt, geschrieben, nachgedacht wurde und das nur als Fluss begriffen werden kann.

Im Hier und Jetzt zu sein besteht im Prinzip in der Fähigkeit, zu beobachten, was wir wahrnehmen und was in unserem Verstand vor sich geht. Viele spirituelle Praktiken enden bei dieser Phase der Kontemplation und nutzen sie als ersten Schritt des Lernprozesses, wie man unbeirrt beobachtet, ohne zu urteilen und ohne sich mit dem Gesehenen zu identifizieren.

Die schwierige Kunst, ein solches Bewusstsein zu entwickeln, das nur Zeuge ist, hat nichts mit Gleichgültigkeit oder Passivität zu tun. Es sollte vielmehr als eine Möglichkeit betrachtet werden, Formen der Konditionierung und Vorurteile abzuschütteln, die wir unmerklich inkorporieren und die unsere Wahrnehmung verzerren. Was da ist, ist, und es ist weder gut noch schlecht.

Indem wir uns von dem beobachteten Gegenstand distanzieren, trennen wir ihn nicht von uns – wir integrieren uns in die Erfahrung.

Zen-Meister sind radikaler, weil sie sagen, dass wir in Wahrheit diese aktuelle Sekunde *sind*. Was sonst sollten wir denn auch sein?, fragt einer von ihnen. Diese aktuelle Sekunde hat keine Zeit, keinen Raum. Es kann nicht dieselbe Sekunde sein wie die vor fünf Minuten. Wie könnte sie auch?, fragt der Meister weiter und lächelt dabei. Ich bin hier. Ich bin jetzt. Es kann nicht die Sekunde sein, die in zehn Minuten eintritt.

Die Vergangenheit existiert nur in unserem Gedächtnis und hängt davon ab, wie wir die Ereignisse in unserem Leben »lesen« und von welchem emotionalen Zustand aus wir unsere Erinnerungen rückblickend »umdeuten«. Die Vergangenheit bleibt als Erfahrung in uns, als *karma* (die Gesamtheit der Handlungen und ihrer Konsequenzen).

Auch die Zukunft geschieht nie, obwohl wir sie uns vorstellen und sie in Projekten und Erwartungen verorten. Wenn sie an dem Punkt angelangt ist, an dem sie zur Gegenwart wird, wird sie vom Jetzt verschlungen und umgehend in Vergangenheit verwandelt. Wir können Voraussagen treffen, aber nicht in der Zukunft leben. Wir sind jetzt. Dieser Fuß, der dieses Pedal antreibt. Diese Hände auf diesem Lenker. Dieser hanebüchene Verstand, der sich weigert, sich von Zen-Erfahrung, auf zwei Rädern dahinzuschießen, davontragen zu lassen.

Wir sind dieser Augenblick. Dieser Augenblick ist alles, was wir haben, auch wenn uns das nicht greifbar erscheint.

Wenn weder Gegenwart noch Vergangenheit oder Zukunft so existieren, wie unsere Sinne sie wahrnehmen (Zeit und Raum wären dann eine Illusion: *maya*), dann gibt es auch niemals ein Jetzt. Und gleichzeitig gibt es doch eines, weil wir in der Abfolge dieser winzigen Jetzt-Momente leben. Am Ende ist das Jetzt, das wir niemals zu fassen bekommen, die einzig wahre Zeit, und worauf wir in der Praxis abzielen, ist die Neuverortung unseres Selbst in der Dimension dieser permanenten Gegenwart.

Es ist immer jetzt.

Das Hier kann an jedem Ort sein. Es ist exakt der Ort, an dem du dich selbst findest. Das Hier begleitet dich, wohin auch immer du gehst. Jeder hat sein persönliches Hier in jedem aktuellen Augenblick. Der Lehrer lächelt erneut und sagt: »Niemand kann sich jemals im Hier eines anderen befinden.«

Wir kommen kurz vor Mitternacht von der Arbeit. Es regnet, wie so oft in London. Lola, eine Kollegin, geht zu dem Geländer, an dem sie ihr Hamilton-Herrenrad mit doppelter Querstange angeschlossen hat, und überprüft, ob das Schloss sicher an der Kette befestigt ist. Danach geht sie einfach weiter zur Leicester Square Station. Am nächsten Tag frage ich sie, ob es nicht riskant sei, das Rad die ganze Nacht auf der Straße zu lassen.

»Schon«, antwortet sie.

»Und was, wenn es jemand klaut?«

»Dann klaut es eben jemand«, sagt sie. Und dann fügt sie hinzu: »Es ist ja nicht mein einziges Fahrrad.«

Als ich nach meinen Erledigungen nach Hause zurückkehre, geistern mir all diese Fragen durch den Kopf. Auf dem Radweg kommt ein anderer Radfahrer aus der entgegengesetzten Richtung auf mich zu. Obwohl ich ihm ausweichen und bremsen kann, landen wir beide auf dem Boden. Wir entschuldigen uns gegenseitig. Wir schauen, ob auch nichts Ernstes passiert ist. Jeder geht wieder seiner Wege. Und ich denke: Fehler sind ein Teil des Prozesses, könnten wir sie nur voraussehen, es ist unmöglich, sich ununterbrochen im Hier und Jetzt aufzuhalten. Diese Sekunde der Abgelenktheit hätte mich das Leben kosten können. Stürzen ist ein unabdingbarer Teil des Weges.

Er erreicht die Ampel, steht schon in den Pedalen, weil er vorhat, über die Kreuzung zu fahren, falls keiner von der Seite kommen sollte. Aber da er feststellen muss, dass die Autos mit großer Geschwindigkeit auf ihn zukommen, bleibt er, wo er ist, und fährt vor uns, die ebenfalls warten, Kreise. Er ist vielleicht dreißig Jahre alt, Locken und ausgefranste Bermudashorts. Sein Fahrrad ist ein unproportionierter Abkömmling der Freestyle-Familie: große, breite Räder und ein vertikaler Chopper-Lenker. Er fährt vier oder fünf immer kleiner werdende Kreise, ohne das Gleichgewicht zu verlieren, und sobald die Ampel gelb wird, schießt er, noch immer auf den Pedalen stehend, davon.

KONTAKTAUFNAHME

Der Teil von uns, der am besten mit dem Hier und Jetzt zurechtkommt, sind die Sinne. Während der Verstand durch Vergangenheit und/oder Zukunft rast, nehmen Sehen, Hören, Riechen, Schmecken und Tasten die Gegenwart in Form direkten Erfahrens wahr. Wenn wir in dem, was wir durch diese Sinneskanäle sehen, hören, einatmen und so weiter Feinheiten erkennen, verstummt unser innerer Dialog (das Geschnatter), und die Aufmerksamkeit bleibt auf diesen Kontakt mit unserer unmittelbaren Wahrnehmung gerichtet.

Eines Nachmittags vor ein paar Monaten fuhren wir mit dem Rad durch einen Wald, der den See auf einem Golfplatz umgibt. Meine Frau schlägt vor, wir könnten doch den Asphalt verlassen und auf dem Gras weiterfahren. Wir fahren gerade eben so mit der nötigen Geschwindigkeit, um das Gleichgewicht zu halten, als Chía zu mir sagt: »Lass zu, dass alles, was du siehst, durch deine Augen eindringt. Nimm die Farben wahr, die Formen und Bewegungen von allem in deinem Sichtfeld. Ich will damit sagen, dass das, was ich sehe, zu mir kommt. Meine Netzhäute nehmen es vollkommen mühelos wahr. Ich suche nicht nach diesen Bildern, ich gestatte einfach allem, was ich sehe, durch meine Pupillen in mich einzutreten ... Ich sehe die Gegenwart.«

Nach dieser Anweisung vergeht fast eine Minute. Eine seltsame Harmonie stellt sich ein: Was ich sehe, scheint in der Zeit stehengeblieben zu sein, die Zeit und mein Bewusstsein scheinen in dem stehengeblieben zu sein, was ich sehe. Noch vor ein paar Minuten habe ich nur vierzig Prozent dessen gesehen, was ich jetzt sehe. Ich habe nicht hingesehen, es ist einfach an mir vorbeigeglitten. Nur selten zuvor ist mir aufgefallen, wie viele Grünschattierungen Bäume haben. Nun sagt Chía: »Und jetzt richte ich mein Gewahrsein auf meine Gehörgänge. Jedes Geräusch, jeder Klang erreicht mich, ohne dass ich etwas anderes dafür tun muss, als mein Gewahrsein auf mein Gehör zu richten. Ich öffne mich dem Zuhören.«

Ich richte mehr Aufmerksamkeit darauf, und eine Vielzahl an Klängen und Stimmen (manche ganz nahe, andere weit entfernt) werden deutlich. Ich kann die Schwingung hören, die sie erzeugen, wenn sie in meine Ohren eintreten. Es ist, als hätte ich einen Filter entfernt, der zwischen dem, was ich höre, und dem, was ich hören will, lag. Man nennt das die Hörschwelle. Diese Schwelle ähnelt den Schwellen anderer Wahrnehmungskanäle. Von diesem Fluss aus Hintergrundgeräuschen wechsle ich zum Vordergrund und zu Chías Stimme, die meinem Erleben eine weitere Textur hinzufügt, als sie sagt: »Während ich sehe und höre, rieche ich auch. Ich nehme die Luft und die Gerüche wahr, die in meine Nase dringen.«

Nun übertüncht die Atmung meinen Sehsinn und das, was ich höre. Nur für einige Sekunden. Wenn die Luft in meinen Körper eingedrungen ist und das Echo ihrer Reise durch meine Nase verklungen ist, kann ich die Details dessen, was ich sehe und höre, besser wahrnehmen. Ich achte auf Unregelmäßigkeiten im Boden, auf andere Radfahrer, auf Fußgänger, eine Sinfonie der Sinnesdaten verbindet mich mit Zeit und Ort. Chía fährt fort: »All meine verfügbaren Sinne ermöglichen mir diese Empfänglichkeit. Ich kann jetzt mit meiner ganzen Haut spüren. Den Wind auf meinem Gesicht, die Kälte in meinen

Händen, die Wärme der Kleidung an meinem Rücken, die Sonne, die Schatten, meinen Schweiß.«

Nach einem Augenblick werde ich abgelenkt und kann nicht anders als zu denken, dass diese Übung vielen Radfahrern eine Hilfe sein könnte. Nicht als Meditation, sondern eher als Übung, um den Verstand zur Ruhe zu bringen. Dann fährt Chía fort: »Ich sehe, höre, rieche, fühle meine Haut, und ich nehme meinen Körper wahr, die Bewegungen, die ich mache … Sind meine Schultern verspannt? Kann ich aktiv meine Fußknöchel spüren? Bin ich müde? Wie ist meine Atmung? Habe ich einen Geschmack im Mund? Bin ich durstig?«

Diese kleinen Erkenntnisse erzeugen eine intensivere Beziehung zwischen dem Außen und dem Innen, ein anderes Bewusstsein. In meinem ganzen Körper, in meinem gesamten Sein fühle ich, dass der Kanal gewechselt wurde. Selbst in die Pedale scheine ich anders zu treten. Wenn all meine Sinne auf dieses Hier und Jetzt gerichtet sind, bin ich empfänglich. »Ich brauche nicht mehr zu tun, als mich in dieser Gegenwart zu befinden und dankbar dafür zu sein«, sagt Chía.

Dieser Zustand erhöhter Empfänglichkeit entwickelt sich die restliche Fahrt über weiter. An darauffolgenden Tagen wiederhole ich die Übung alleine.

Ohne WEITER zu gehen

»Das einzige Zen, das man auf Berggipfeln findet,
ist das, das man selbst dorthin getragen hat.«

[Robert Pirsig]

Radfahren ist keine uralte Kunst wie das Bogenschießen, aufgeladen mit einer Symbolkraft, die die Tiefen der buddhistischen Philosophie widerspiegelt: die Suche nach der inneren Mitte durch das Finden einer äußeren Balance. Doch jedes Mal, wenn wir auf ein Fahrrad steigen, öffnet sich uns – ob wir uns dessen nun bewusst sind oder nicht – eine Tür, durch die wir eine Form von Einklang am Leben erhalten können. Radfahren ist geradezu eine Schwingtür, durch die man an diesen Ort gelangt.

Radfahren ist einfach, aber genauso einfach ist es, abgelenkt zu werden und die Konzentration zu verlieren. Das Erste, was Lehrer des Bogenschießens ihren Schülern empfehlen, ist, nicht zu vergessen, dass es nicht wir sind, die sich konzentrieren – es sind unsere geistigen Fähigkeiten.

Dem Verstand fällt es leichter, Rhythmen anzunehmen, die Selbstregulierung und Informationsverarbeitung auf automatische, unbewusste Weise ermöglichen und dabei den neuronalen Systemen erlauben, in seinem Namen Entscheidungen zu treffen, als sich bewusst mit den zehn Millionen Schritten auseinanderzusetzen, die erforderlich sind, um auch nur die kleinste Handlung zu vollziehen. Zu sprechen, die Hände zu bewegen ... Wenn wir all die Operationen, die erforderlich sind, um das Gleichgewicht halten zu können, in die Pedale zu treten, den Weg zu finden, auf den Verkehr zu achten … bewusst ausführen müssten, würden wir garantiert auf die Nase fallen, wie in der Geschichte vom Tausendfüßler, der gefragt wurde, wie er mit all diesen Beinen überhaupt laufen könne: Als er anfing darüber nachzudenken, konnte er nicht mehr laufen.

Wenn wir zwischen Bäumen herumfahren, dann tun wir es mit dem Frieden, der Ruhe, welche die Bäume ausstrahlen. Wenn wir zwischen Autos herumfahren, müssen wir mit einer anderen Einstellung an die Sache herangehen. Ich bin nicht ein isoliertes Etwas zwischen den Autos, sondern befinde mich in einer Beziehung zwischen Mensch-Rad-Auto, und der Verstand nimmt es auch so wahr. Es ist der Verstand, der die Verbindung herstellt.

Das, was wir sehen/wahrnehmen, einfach durch den Verstand gleiten lassen. Diese Bilder einfach zu uns kommen lassen, so, wie sie sind, ohne sie zu kommentieren, ohne sie zu interpretieren. Als würden wir sie zum ersten Mal sehen, aber auch, ohne uns krampfhaft daran festzuklammern, sie in Erinnerung zu behalten, also zuzulassen, dass das Neue das Alte ersetzt und das Staunen den Platz des Alten einnehmen kann. All dies erzeugt die Art von Konzentration, die nötig ist, um sich aufmerksam durchs Hier und Jetzt zu bewegen.

Trotz aller Risiken gibt es etwas, das dem Radfahrer zugutekommt: Seine Augen befinden sich in der Regel auf Höhe der Autodächer. Deswegen kann er sehen, was ein Stück weit vor ihm passiert, beispielsweise riskante Überholmanöver. Der Nachteil dieses Blickfelds besteht darin, dass es sich eher horizontal als vertikal ausbreitet und der Radfahrer Hände und Ellenbogen – also seine seitlichen Begrenzungen – nicht zwingend wahrnimmt. Und so kann es dem Radfahrer passieren, dass er vergisst, dass seine Breite von den Lenkerenden vorgegeben wird.

Der Großteil der Zusammenstöße und Stürze ereignet sich nicht durch etwas, das sich vor dem Radfahrer befindet. Die Stöße, die ein Radfahrer einstecken muss, kommen meist von der Seite. Besonders häufig passiert das, wenn wir zwischen parkenden Autos und an einer roten Ampel wartenden Autos hindurchfahren, den Blick nach vorn gerichtet und ohne darauf zu achten, was für Dinger da auf Lenkerhöhe aus den Autos herausragen: die Seitenspiegel.

Im Allgemeinen lassen uns die Autos genug Platz zum Durchkommen, aber es gibt immer einen, der ungünstig steht, sodass wir uns durchquetschen müssen. Um nicht bremsen zu müssen und dadurch an Schwung zu verlieren, neigen wir dazu, mit nach vorn gerichtetem Blick zwischen den Autos durchzufahren. Ein kleiner Kontakt mit einem Seitenspiegel reicht aber aus, um den Lenker zu verreißen, sodass der Vorderreifen die Richtung ändert und wir mitten in ein Auto rauschen. Befindet sich dieses Auto in Bewegung, kann uns der Kontakt zu Boden reißen.

Am Verkehr teilzuhaben bedeutet auch, den Raum zu errechnen, den wir brauchen, damit wir durch solche Zwischenräume hindurchpassen.

Er sollte mindestens fünfzehn bis zwanzig Zentimeter mehr betragen, als der Lenker breit ist.

Lehrer der Bogenschießkunst bringen ihren Schülern nicht bei, sich nur aufs Ziel zu konzentrieren. Kein Prozess ist rein linear. Der Bogenschütze, der ein Meister seiner Kunst wird, öffnet einen Weg in sich selbst, sodass eine Energie aus den Tiefen seines Seins auf das Ziel gerichtet wird. In seiner Flugbahn spiegelt der Pfeil die Gleichzeitigkeit von Prozessen oder Beziehungen im Leben des Schützen wider. Die Methode, uns selbst zu einem Kanal dieser Energie werden zu lassen, zieht zunächst auf das Zentrum selbst ab: einen Raum in uns zu öffnen, damit diese Energie fließen kann. Ohne zwischen dem, was in uns »schießt«, und dem »Schießen« des Pfeils zu unterscheiden.

Für den Radfahrer bedeutet das Betreten und Verlassen dieser Realität, konzentriert auf seine Umwelt und das zu bleiben, was er tut. Und was dann passiert, ist Folgendes: Er fährt, ohne irgendeinen bestimmten Punkt anzusehen, aber sobald sich etwas in seiner Umgebung bewegt, nimmt er es wahr.

Indem wir uns konzentrieren, erweitert sich unser Sichtfeld, was wiederum unsere Aufmerksamkeit vergrößert. Es mag zwar nicht so wirken, als würden wir uns auf jede Einzelheit konzentrieren, aber der Pilot in uns ist aufmerksam. Wir aktivieren eine geistige Stärke, die das logische Denken überschreitet. Wahrnehmen ersetzt Überlegen.

Es ist schwer, das tiefgehender zu erklären, da dieser Prozess nur in der Stille des Hier und Jetzt erlebt werden kann.

Man begreift eigentlich erst, was geschehen ist, wenn man wieder vom Rad steigt.

Der PUNKT,
an DEM SICH alles fügt

»Das Leben ist wie Fahrradfahren. Um das Gleichgewicht zu wahren, muss man in Bewegung bleiben.«

[Albert Einstein]

Ohne Stütze und ohne, dass jemand darauf sitzt, fällt es um. Man kann den Lenker feststellen, das Rad ordentlich anschieben und es dann loslassen. Ein paar Meter weit fährt es geradeaus, wie eine Münze, die man über einen Tisch rollen lässt, aber wenn die Schubkraft schwächer wird, kann das Rad sein Gleichgewicht nicht mehr halten und neigt sich auf eine Seite, das Vorderrad dreht sich und das Fahrrad fällt um, wobei sich die Reifen in der Luft weiterdrehen. Während wir an einer roten Ampel warten, geschieht dasselbe: Durch den Mangel an Bewegung müssen wir einen Fuß vom Pedal nehmen und einen dritten Stützpunkt auf dem Boden herstellen.

Das Gleichgewicht entspringt nicht dem Rad und auch nicht dem In-Bewegung-Sein. Es entspringt dem Fahrer, und er, der Fahrer, ist es auch, der das Gleichgewicht aufrechterhält. Er ist die Person, die das Rad antreibt, die auf ihm balanciert, die seine Geschwindigkeit reguliert und es dorthin lenkt, wo er hin möchte.

So gut wie kein Radfahrer verschwendet auch nur einen Gedanken ans Gleichgewicht oder hat eine Vorstellung davon, wie dieses Gleichgewicht zustande kommt, das er erzeugt, wenn er das Rad in Bewegung setzt. Auch wenn es unvorstellbar scheint, entspringt das Gleichgewicht, genauso wie die Bewegung, einem Ungleichgewicht.

Wenn wir einen Schritt machen, lehnen wir den Körper fast unmerklich nach vorne, sodass wir den Gleichgewichtspunkt hinter uns lassen, der es uns ermöglicht, auf unseren zwei Füßen zu stehen. Diese Fähigkeit, uns unter Einsatz der hochkontrollierten Regulations- und Gleichgewichtszentren im Gehirn leicht nach vorn fallen zu lassen, gehört zu den Dynamiken, die uns das Vorankommen ermöglichen. Erst das eine Bein, dann das andere – unsere Schritte bestehen aus diesen kleinen Stürzen. Noch ehe wir uns ganz stabilisiert haben, nutzt das andere Bein bereits die Vorwärtsverlagerung unseres Schwerpunkts aus, um den nächsten Schritt zu machen.

Wenn wir einen Ort in unserem Körper ausmachen könnten, an dem man ein Seil festbinden kann, an dem wir in jeder Haltung reglos hängen würden, dann hätten wir unseren Körperschwerpunkt gefunden. Befindet sich dieser innere Punkt, an dem alle Masse zusammenläuft, auf einer Fläche, die ihn stützt, sind wir im Gleichgewicht.

Ruht unser Körperschwerpunkt auf einem Fahrrad, gibt es im Prinzip *zwei* Schwerpunkte: unseren und den des Fahrrads. Die Linie, die diese beiden Punkte verbindet und auf die Querlinie trifft, die sich aus den beiden Reifen ergibt, erzeugt die Grundvoraussetzung dafür, dass wir unser Gleichgewicht halten können, wenn das Fahrrad in Bewegung versetzt wird.

Wenn wir beispielsweise im Laufen das Fahrrad neben uns herschieben, plötzlich aufspringen und uns weiterbewegen, würde dank dem Impuls, den wir dem Rad gegeben haben, das Gleichgewicht aufrechterhalten werden, und zwar durch das Ungleichgewicht, das entsteht, indem wir unser Gewicht auf das Rad stützen und erst das eine, dann das andere Pedal nach unten drücken. Dieses Vorwärtsfallen in die Pedale – also der Akt des In-die-Pedale-Tretens – versetzt uns nicht nur in Bewegung, sondern erzeugt auch das rechtwinklige Kräfteverhältnis, das die Räder brauchen, um eine Zentripetalkraft zu entwickeln (wie es auch die rollende Münze tut). Damit werden die Grundvoraussetzungen geschaffen, damit der Körper im Gleichgewicht bleiben kann. Der Rest ist Aufgabe des Hypothalamus.

Wenn wir uns auf eine Seite von irgendeinem dieser drei Schwerpunkte – der des Radlers, der des Rades und der von beiden zusammen – neigen, bringen wir das Gleichgewicht damit kaum ins Wanken. Wir stürzen nicht. Die Neigung wird übersetzt, sodass sich das Rad, ohne dass wir den Lenker bewegen müssten, dreht. Jeder Radfahrer nutzt diesen Effekt, ohne die physikalischen Gesetze verstehen zu müssen, die dahinterstecken.

Kinder haben Stützräder, die am Hinterrad befestigt sind, damit sie lernen können, den Schwerpunkt zu finden, ohne zu stürzen. Sind sie erst einmal damit vertraut, fahren sie oft so weiter, dass die Stützräder in der Luft schweben und den Boden nicht mehr berühren. Um den Moment zu beschreiben, in dem sich Eltern trauen, die Stützräder zu entfernen, würde ein Biologe sagen: »Das Kind hat sich bereits mit den Systemen vertraut gemacht, die das Körpergleichgewicht verursachen.« Ein Zen-Meister würde sogar noch weiter gehen: »Das Gleichgewicht ist bereits in den Körper des Kindes eingetreten.«

Ein Radfahrer hält das Gleichgewicht, ohne darüber nachdenken zu müssen. Wie das Laufen auch ist das Radfahren zum Reflex geworden. Ist unser Schwerpunkt gerade richtig, damit wir das Gleichgewicht halten, sagen uns die Kanälchen in unseren Ohren, dass wir nichts weiter zu tun brauchen. Neigt sich unser Schwerpunkt zu sehr auf eine Seite, gleichen wir automatisch aus. Wenn wir uns vorbeugen und den Kopf zur Seite neigen, um zu prüfen, ob wir an einem Auto vorbeifahren können, neigen Arme und Beine das Rad in die entgegengesetzte Richtung, sodass ein Gegengewicht entsteht. Das Signal geht direkt ans Gehirn und kommt als motorische Reaktion in die Muskeln zurück. Wir entscheiden nicht über das Gegengewicht – es geschieht einfach ohne unser bewusstes Eingreifen. Zahllose Manöver entstehen aus dieser zweispurigen Straße der Impulse.

Auf manchen Straßen befindet sich der Radweg mit auf dem Gehsteig. Ein Anwohner erzählt uns in einer Bar, dass es am Ende der Straße zwei Schulen gibt, an denen er jeden Tag mit dem Rad vorbeikommt. »Wenn die Kinder reingehen und wieder rauskommen, warten die Mütter in Grüppchen auf dem Gehweg, und fast alle Radfahrer steigen ab oder fahren auf der Straße weiter. Vor einer Weile gab es einen Vorfall, der sich innerhalb von zwei, drei Sekunden abgespielt haben muss ... Plötzlich rannte ein Mädchen auf das Auto zu, in dem seine Mutter mit offenstehender Tür wartete. Ohne nachzudenken, warf ich mich auf die Schulseite des Radwegs, aber ich hätte das Mädchen genauso gut auch überfahren können.«

Ich frage ihn: »Aber hast du nicht die drei Schilder gesehen, auf denen steht: ›Vorsicht beim Radfahren!‹«

»Nein«, antwortet er.

Wer hat dieses Manöver ausgeführt? Es war ein Ich, auf das das Konzept des Egos oder die Rolle, die ihm in der klassischen Psychologie zugewiesen wird, nicht zutrifft. Wenn im Zen vom Ich gesprochen wird, dann ist dabei das Aufeinandertreffen zwischen dem persönlichen Bewusstsein und einem anderen, erweiterten Universalbewusstsein gemeint, das als Präsenz bezeichnet wird. Ein Augenblick, in dem die geistigen Prozesse die Arbeit dem Stirnlappen überlassen und wir denken, ohne zu denken, im nichtdenkenden Hintergrund sind oder – wie es Theorien ausdrücken, die nicht zwischen Körper und Geist unterscheiden – wir mit dem Körper als Struktur und als Prozess energetischer Integration denken.

Das Bewusstsein ist im Körper. Ich bin dieser Körper, der mein Ich ist und den mein gegenwärtiges Sein durchläuft. Direkte Reaktionen werden reguliert durch integrative Mechanismen im Hypothalamus, nicht im Stirnlappen. Da wir uns dieser Reaktionen nicht bewusst sind, wirkt es auf uns, als würden sie automatisch geschehen.

Übung ermöglicht dem Radfahrer reflexhaftes Handeln – also Sinnesdaten wahrzunehmen und sofort motorische Reaktionen zu produzieren –, und zwar nicht nur in vertrauten Situationen, sondern auch in neuen. Übung trainiert uns darauf, zu reagieren, ehe wir uns fragen können, was wir jetzt tun sollen.

Warum ist das Radfahren so einfach? Weil die Mechanismen für die notwendigen Bewegungen auf Gesetzen beruhen, die denen ähneln, die uns das Laufen ermöglichen, und weil Stabilität durch ähnliche biologische Prozesse ermöglicht wird. Da das Rad als Erweiterung des menschlichen Körpers wahrgenommen wird, multipliziert und maximiert es das Potenzial, das wir bereits in uns tragen.

Umberto Eco sagt, dass ein Spiegel in Wahrheit eine Augenprothese ist, die es uns ermöglicht, Dinge zu sehen, die wir sonst nicht sehen könnten, vor allem uns selbst. Genauso könnten wir sagen, dass das Fahrrad eine Prothese ist, die uns neue Möglichkeiten eröffnet und unsere Fähigkeiten erweitert, was Energienutzung, Geschwindigkeit und so weiter betrifft. Wir können Dinge erreichen, die uns unsere Anatomie allein niemals ermöglichen würde.

Was lässt uns das Gleichgewicht verlieren? Keine der Ursachen ist ein direkter Fehler des Fahrrads. Sie alle werden durch verschiedene Formen von menschlichem Versagen verursacht. Der Grund mag sein, dass wir das Rad nicht ausreichend gepflegt haben. Dass wir eine Unebenheit in der Straßenoberfläche übersehen haben. Dass wir abgelenkt waren (geistige Aktivität, die von Gedanken dominiert wurde, die sich außerhalb des Hier und Jetzt bewegen). Mängel in unserer Fahrweise. Oder, am häufigsten, Verhaltensprobleme, wie man ihnen in urbanen Umgebungen begegnet, entweder an sich selbst oder an anderen Personen.

Ständig wurde er gefragt: »Wie geht es Ihnen?« Und stets antwortete der Lehrer: »Sehr gut.« Eines Tages wollte ein Schüler wissen, wie er das mache.

»Läuft bei Ihnen denn niemals etwas schief?«, fragte er deshalb den Lehrer.

»O doch«, entgegnete der Meister. »Aber mir geht es trotzdem weiterhin gut.«

Auf den ersten Blick mag es so wirken, als ginge es dem Lehrer nur deswegen immer gut, weil er eine Blase erschaffen hat, die nichts, was den Mann aus dem Gleichgewicht bringen würde, durchdringen kann. Ein konventioneller Psychologe würde einen Zustand der Verleugnung und Vermeidung diagnostizieren. Eine Puppe mit aufgemaltem Lächeln, Gleichgültigkeit ... Aber die Geschichte lässt sich auch so verstehen, dass der Meister vom Kern seines harmonischen Selbst aus spricht, wenn er sagt: »Es geht mir sehr gut.« Wenn etwas außerhalb dieses Kerns schiefläuft, also »dort«, geht es ihm nach wie vor gut. Es ist, als würde ein Kreisel sein Selbstverständnis in einem ständigen Gleichgewicht halten: Solange sich das Rad dreht, wird es zuverlässig durch die Achse getragen, ganz gleich, in welcher Position es sich befindet.

Im Zen besteht eine Verbindung zwischen Gleichgewicht und dem Konzept der Gelassenheit: Erlebe das Ereignis, ohne deine Mitte oder die Ruhe zu verlieren. Augen und Ohren lassen sich durch ständige Veränderungen nicht beirren. Ohne etwas zu haben, woran sie sich festhalten können ...

Das Gleichgewicht, das das Rad von uns verlangt, ist dynamischer Natur: Es verändert sich ununterbrochen und kaum wahrnehmbar. Die Position, in der ich mich jetzt befinde, muss an jede einzelne Situation angepasst werden. Es wäre unmöglich, das Gleichgewicht zu halten, indem ich mich an meinem Rad festklammere wie an einem Geländer. Wie alle Aktivitäten entspringt Gleichgewicht aus einem inneren Wissen über das Wie, nicht einem Wissen über das Warum und auch nicht aus irgendeiner äußeren Form, an die man sich anpassen müsste.

ZULASSEN, dass es GESCHIEHT

> »Es ist leicht, Ruhe zu empfinden, wenn man nichts tut. Die Kunst liegt darin, Ruhe zu empfinden, wenn wir einer Tätigkeit nachgehen. Die Ruhe in der Tätigkeit ist die wahre Ruhe.«
>
> [Shunyu]

Fünfundachtzig Prozent unseres Gewichts und mehr werden vom Sattel getragen, und wenn wir uns vorwärtsbewegen, ruhen zwischen zehn und fünfzehn Prozent auf dem Lenker. Wenn wir auf ein Fahrrad steigen, nehmen wir buchstäblich Gewicht von unseren Beinen. Wir befreien uns von unserem eigenen Gewicht, und als wäre das nicht schon genug, bringen wir uns in eine Position, in der wir den Antrieb unserer Muskeln maximieren (ein kaum wahrnehmbarer Teil trägt außerdem dazu bei, dass wir unser Gleichgewicht halten). Und noch ein Vorteil: Die kreisförmige Bewegung, die die Pedale von uns fordern, passen perfekt zu den Gelenkverbindungen zwischen Hüfte, Knie und Knöcheln. Die Beine brauchen nur den Widerstand zu überwinden, den unser Gewicht auf die Reibungspunkte in den Achsen ausübt. Beim Radfahren verbrennen wir 0,15 Kalorien pro Gramm und Kilometer, wenn wir mit einer durchschnittlichen Geschwindigkeit fahren, ohne uns unter Druck zu setzen. Zur Veranschaulichung: Beim Laufen beträgt die Zahl 0,77. Theoretisch ist Fahrradfahren also fünf Mal leichter als Laufen und erfordert fünf Mal weniger Energie.

Radfahrer und Wanderer ziehen Energie aus dem, was sie essen, und aus der Leistung ihrer Muskeln. Wenn man langsam viel Kraft gegen einen starken Widerstand ausübt (etwa wenn man gegen die Strömung rudert) oder wenn man schnell eine geringe Kraft ohne nennenswerten Widerstand ausübt (ein Faustschlag in die Luft), ist die Ertragsrate niedrig. Zwischen den beiden Extremen aber befindet sich ein optimales Produktivitätsverhältnis, das man auf dem Fahrrad erreichen kann, indem man ununterbrochen die Gangschaltung anpasst. Das soll heißen, dass man die Kraft und den Rhythmus, mit dem man in die Pedale tritt, an die erforderliche Mühe anpasst, die wiederum davon abhängt, wie Wind und Neigung ausfallen und welche Geschwindigkeit man erreichen will.

Das Pedal bringt uns dazu, die kräftigste Muskelmasse in unserem Körper zu benutzen: die Oberschenkel. Die Beine funktionieren ja wie Kurbelwellen.

Im Ruhezustand brauchen wir um die hundertfünfzig Watt, um am Leben zu bleiben. Führt eine Straße bergauf, müssen wir die Schwerkraft überwinden und eine Kraftmenge aufwenden, die sich proportional zu unserem Gewicht und dem Gewicht des Fahrrads verhält sowie der Anzahl an Metern, die wir die Steigung pro Sekunde hinauf fahren. Beträgt die Neigung zehn Prozent, unser Gewicht liegt bei fünfundsechzig Kilo und wir fahren auf einem Rad, das zehn Kilo wiegt, überschreiten wir gerade so die hundertfünfzig

Watt, um die zusätzliche Schwerkraft zu überwinden, wenn wir sechsundzwanzig Stundenkilometer schnell fahren wollen. Auf ebenem Boden und bei konstanter Geschwindigkeit spielt das Gewicht kaum eine Rolle.

Ein Wanderer muss seinen Körper mit jedem Schritt, den er tut, heben und senken (wer Gehen als Athletiksportart betreibt, versucht, diesen überflüssigen Einsatz zu minimieren). Der Radfahrer dagegen sitzt, und zwar immer auf derselben Höhe.

Noch größere Vorteile bringt dem Radfahrer die Trägheit des Fahrrads. Hören wir auf, in die Pedale zu treten, bewegen wir uns weiter vorwärts wie im Leerlauf. Am Anfang fahren wir fast genauso schnell wie zuvor, aber dann werden wir langsamer, bis wir zum Stehen kommen. Haben wir erst einmal unsere Fahrtgeschwindigkeit erreicht, brauchen wir nur noch in die Pedale zu treten, um diese Trägheit aufrechtzuerhalten. An diesem Punkt wirken achtzig Kilo oder mehr auf uns wie drei oder vier Kilo.

Diesen Vorteil nutzen alle Radfahrer, um die Muskeln ein paar Sekunden lang ausruhen zu können. Hat die Straßenoberfläche keine Neigung, wir müssen aber an jeder Straßenecke die Geschwindigkeit reduzieren, ist die einfachste Lösung, einige Meter vorher aufzuhören, in die Pedale zu treten, sodass wir die Bremse nicht einmal berühren müssen. Ist die Straßenoberfläche geneigt, kann man aufhören, seine Beine zu bewegen, und die Reglosigkeit ausnutzen, um sich auf das Gehör zu konzentrieren und dem Kugellager zu lauschen. Unser Bewusstsein für diese Trägheit wird sehr schnell integriert und automatisiert, fast so schnell, wie wir das Fahrradfahren selbst erlernen.

Im Zen wird die Schwerkraft als Lebensfluss betrachtet. Eine Reihe von Kräften und Strömungen des Universums, die innerhalb und außerhalb der physikalischen Körper natürlich fließen, sodass wir uns einfach nur noch tragen zu lassen brauchen.

So wie sich das Schiff im Wind neigt, gibt uns das Leben selbst Schub, und unsere einzige Aufgabe besteht darin, keinen Widerstand zu leisten. Für den Radfahrer bedeutet das, seine Beine nicht mehr als nötig zu bewegen. Also keine Kraft zu verschwenden, indem wir mehr in die Pedale treten, als wir eigentlich müssten.

Der deutsche Schriftsteller Hermann Hesse war einer der ersten Menschen aus dem Westen, die diese Metapher des Lebensflusses begriff. In seinem Buch *Siddharta* (1922) bringt der Fährmann Vasudeva die Leute über den Fluss und wieder zurück und fasst diese Tätigkeit zusammen als »Tun, das getan werden muss«. Wenn jemand den Lebensfluss überqueren muss, lässt er die Ruder so perfekt positioniert ins Wasser gleiten, dass das Boot den Schwung der Strömung ausnutzen kann und auf die andere Seite gelangt. Er gibt der Strömung nicht nach, er kämpft aber auch nicht gegen sie an. Er rudert mit ihr. Der Einsatz genau des richtigen Ausmaßes an Mühe eliminiert alles Unnötige, alles Überflüssige.

»Ich glaube, dass du der Buddha bist, weil du deinem eigenen Weg gefolgt bist«, sagt Siddharta, als er sich vom Buddha verabschiedet.

»Mit dem Fahrrad kommt einem alles viel näher vor«, sagt Moises, der Ehemann einer Chemikerin aus unserer Nachbarschaft.

Dreißig Jahre lang sind sie jeden Tag auf ihren japanischen Mister-Fahrrädern nach Hause gefahren, bei denen es sich um einen Nachbau der alten englischen Fahrräder handelt. Auch in anderen Stadtvierteln begegne ich ihm, wenn er seine Einkäufe erledigt. Manchmal schließen wir unsere Fahrräder am selben Laternenpfahl vor der Bank zusammen. Er hat zwei rechteckige Satteltaschen, die etwas seltsam aussehen.

Er sagt, es handle sich um die alten Schulranzen seiner Kinder.

Der nicht vorhandene Kraftaufwand, den die Pedale oft von uns verlangen, und die Tatsache, dass das Fahrrad die Tendenz hat, geradeaus zu fahren, lassen sich mit dem taoistischen Prinzip des *wu wei* assoziieren: nur dann zu handeln, wenn man handeln muss. Handeln im Nichthandeln. Kreative Ruhe. Das Spiel aufrechterhalten. Zu wissen, dass auch dann, wenn wir nichts tun, immer etwas getan wird oder wir etwas tun.

»Mit dem Fluss zu gehen« wird oft damit verwechselt, »sich treiben zu lassen«.

Wu wei ist die Lehre, die Dinge ohne Mühe zu tun und dabei die Harmonie aufrechtzuerhalten. Diese Harmonie entsteht durch ein Gefühl der Wirtschaftlichkeit – also nur das zu tun, was wesentlich ist. Sich zu nichts zu zwingen und den natürlichen Kräften keinen Widerstand zu leisten. Nur dann zu handeln, wenn Handeln von wesentlicher Bedeutung ist. Zur rechten Zeit das rechte Ausmaß an Mühe in die richtige Richtung zu lenken.

Wu wei impliziert nicht, dass wir nicht nachdenken sollen. Es bedeutet, die in allem enthaltene Ordnung wahrzunehmen, die Mikro- und die Makroebene. Vorbereitet zu sein auf das, was der Weg auf unseren verschiedenen Etappen von uns verlangt. Im Angesicht des Konfliktes kampflos zu triumphieren. In Beziehungen mit anderen zu kommunizieren, ohne zu sprechen. Auf energetischer Ebene die Dinge anzuziehen, ohne sie heraufzubeschwören. Im alltäglichen Leben zu handeln, ohne in Unruhe zu geraten.

- Fließen, ohne Einfluss auszuüben.
- Leben, ohne andere Prozesse zu unterbrechen.
- Dinge ermöglichen, ohne andere zu verhindern.
- Den Fluss in keine Richtung zu drängen.
- Alles Überflüssige abschütteln.

»Erlaube allem, das zu tun, was es von Natur aus tut, damit es in seinem natürlichen Wesen befriedigt ist«, schreibt Chuang-tzu. Auf dem Fahrrad bedeutet das nicht, aufzuhören in die Pedale zu treten, sondern im Einklang mit anderen vorhandenen Prozessen zu fahren und eine Bewegung zu erzeugen und aufrechtzuerhalten, die von solcher Ruhe ist, dass man sie fast nicht bemerkt.

Ohne jede ABSICHT

»Ich fahre nur zum Vergnügen Rad«, sagen viele Leute, und sie meinen es auch so.

Aber Vorsicht mit dem Wort »Vergnügen«, das sich auf zwei verschiedene Weisen verstehen lässt, warnt Alan Watts. Auf der einen Seite ist da die Vorstellung, etwas aus reinem Vergnügen zu tun. Sie nimmt dem Wort an Bedeutung, lässt es trivial erscheinen. In diesem Fall wäre es vielleicht zutreffender, nicht das Wort Vergnügen zu verwenden, sondern zu sagen: »Ich fahre, um mir das Leben schön zu machen.« In einem anderen Sinn aber, sagt Watts, ist das Wort Vergnügen alles andere als trivial: Es bedeutet, etwas so gut wie möglich zu machen. Das betrifft fast die gesamte Bandbreite menschlicher Aktivitäten. Ob man nun ein Musikinstrument spielt, eine Mahlzeit zubereitet, Tennis spielt, eine Operation vornimmt, ein Zahnimplantat einsetzt, einen Motor repariert, einen Wandteppich webt, ein Kind großzieht, eine Ziegelmauer baut, Software entwickelt – alles, was wir tun, bei dem Wissen um die richtige Technik erforderlich ist und bei dem wir uns voll und ganz auf unsere aktuelle Aufgabe konzentrieren, und zwar bis zu dem Punkt, an dem wir aufhören, an irgendetwas anderes zu denken, ermöglicht einen Zustand des Erfülltseins. Zu glauben, dass dieses Vergnügen einzig dem entspringt, was wir tun oder tun können, wäre zu kurz und vereinfachend gedacht und überdeckt eine weitaus bedeutungsreichere Erklärung: Wir treten in einen Zustand ein, in dem wir uns selbst zu einem Instrument werden lassen, durch das die Energie ungehindert dorthin fließen kann, wo sie hin muss. Nachdem wir der Energie gestattet haben, uns zu durchfließen, bleibt in uns ein genussvolles Gefühl zurück.

Die Vitalenergie nutzt unseren Körper und erfüllt die Aufgabe, ohne dass wir wirklich begreifen, dass wir sie erfüllen. Ohne unser Eingreifen (und ein Eingreifen unsererseits wäre auch gar nicht möglich) durchläuft ein Energiefluss unsere Neuronen und Zellen. Erleben wir am Ende den Zustand, den dieser Prozess in uns hinterlässt, empfinden wir eine Mischung aus Befriedigung, Erleichterung und Leere. Wir sind frei, verfügbar für etwas anderes.

Das Vergnügen, das Vehikel gewesen zu sein, das eine solche Handlung durchgeführt hat, erzeugt ein Gefühl der körperlichen Befriedigung. Man muss sich dessen noch nicht einmal bewusst sein, damit es auftreten kann.

Jedes Ritual, bei dem eine Aktivität durch Involviertheit, Hingabe und das Streben nach Perfektion durchgeführt wird, gilt im japanischen Kulturkreis als Kunstform: die Kunst der Kalligraphie, die Kunst des Blumensteckens, die Kunst, Tee zu servieren, die Kriegskunst, die Kampfkünste. Kunst bedeutet dort nicht, wie hier im Westen, dass es um Literatur, um Musik, um bildende Kunst gehen muss. Kunst wird dort vielmehr als Meisterschaft verstanden. Als eine Aktivität, die mit Meisterschaft ausgeführt wird.

Eine Praktik kann alles sein, das als integraler Bestandteil unseres Lebens praktiziert wird, nicht, um es besser zu machen, sondern um es um seiner selbst Willen zu tun. Die Künstler einer solchen Kunst üben diese nicht aus, um ihre Technik zu perfektionieren, sondern weil sie das lieben, was sie tun. Und das ist auch der Grund, warum sie darin besser sind als alle anderen.

Aus dieser Perspektive betrachtet besteht der Zweck der Ausübung einer jeden Kunst nicht darin, herauszufinden, wer wir sind, wie es in der Psychotherapie der Fall ist, sondern darin, zu unserer eigenen Wahrheit zu werden. Dazu in der Lage zu sein, allen Selbstbetrug aufzugeben, alle Eitelkeit und allen Schein, gleich ob uns selbst oder anderen gegenüber. Bei wahrer Kunst geht es nicht darum, das eigene kleine Ego zu befriedigen. Vielmehr ist es eine Manifestation eines Ich, das das Ego transzendiert und auf ein Nicht-Ich trifft.

Ignoranz oder Wahrnehmungsirrtümer manifestieren sich in dem Ich-Konzept, das der menschliche Verstand in dem Versuch erzeugt, sich selbst zu kennen, und in dem atavistischen emotionalen Festhalten an dieser Idee.

Zu den ersten Dingen, die ein neugeborener Mensch lernen muss, um Teil der menschlichen Kultur zu werden, zählt die Unterscheidung zwischen »ich« und »nicht ich«. Jeder Mensch muss lernen, sein Ich als unveränderliche Einheit zu definieren, die immer im Kontrast zum Nicht-Ich steht.

Was das Baby weiß (der Erwachsene aber vergessen hat): Kein Ich kann überleben ohne das, was wir als Nicht-Ich bezeichnen. Es gibt keine Unterscheidung zwischen dem Ich und dem Nicht-Ich, sondern ein Kontinuum, das alle Grenzen verschwimmen lässt. Die Trennung ist ein Wahrnehmungsfehler: Der andere ist der Teil von uns selbst, der im Schatten der Ignoranz verborgen bleibt.

Der buddhistische Mönch Walpola Rahula hat es so ausgedrückt: Er spricht von einem Ich, das in Momenten ans Tageslicht dringt, in denen die Wahrnehmung nicht von irgendwelchen Wünschen dominiert wird. Es wird als ewige und unveränderliche Realisierung erlebt. Ein Zentrum, das alle

Ereignisse, äußere wie innere, bezeugt. Es ist, erklärte Rahula, das Ich des Ichs, das ich bin.

Viele Leute behaupten, dass sie einen Zustand erreichen, der mystischer Ekstase gleicht, wenn sie tiefe Harmonie mit dem Erleben dessen erlangen, was sie gerade tun – und zwar bei einer großen Bandbreite von Aktivitäten.

Diese Vorstellung des Nicht-Ich oder eines unpersönlichen Ichs, das unser Bewusstsein in Beschlag nehmen kann, ist wie ein Faustschlag in die Magengrube der westlichen Überzeugungen und Konzepte bezüglich des Selbst.

Für all diejenigen, die in einer Gesellschaft geboren und aufgewachsen sind, in der jegliches Tun intrinsisch mit Ergebnissen, Arbeit und Mühe sowie Freude über das Endergebnis verbunden ist, ist vermutlich kaum eine Vorstellung so schwer zu akzeptieren wie diese.

Im speziellen Fall des Fahrradfahrers bedeutet das Lernen die Verknüpfung des Erlebnisses mit einem Vergnügen im umfassenderen Wortsinn. Mit den Sinnen und mit dem Bewusstsein zu begreifen, dass das, was »sich« und »uns« von der Aufgabe loslöst, gleichzeitig auch das ist, was uns mit der Aufgabe vereint. Der Energie Platz zu schaffen ist das, was uns Leben schenkt.

Eine BEWUSSTE Praktik

»Diese Art von Freiheit ist das genaue Gegenteil
von ›Irgendwas‹.«

[Stephen Nachmanovitch]

Manchmal bleibt mir nichts anderes übrig, als auf dem Gehweg Rad zu fahren. Mit der Kette auf dem kleinsten Kettenrad und dem größten Zahnrad trete ich in die Pedale wie bei einem Wettrennen und komme trotzdem nicht viel schneller voran als ein Fußgänger. Bei einer dieser Fahrten geht eine Frau mit zwei Mädchen vor mir her. Sie sind auf dem Heimweg von der Schule. Da sie mich nicht zu bemerken scheinen, rufe ich schon aus weiter Entfernung: »Entschuldigen Sie bitte.« Die Dame zieht die Mädchen dichter an sich und sagt zu mir: »Tut mir leid.« Und anstatt zu sagen: »Ich bin es, der sich entschuldigen sollte«, sage ich: »Danke.«

Am Tag zuvor warte ich an einer Ampel auf Grün, damit ich eine Kreuzung überqueren kann, als mir eine junge Frau auffällt, die mit dem Fahrrad zwischen den neu errichteten Trennelementen zwischen den Fahrbahnen hindurchfährt, ein paar Meter weit in die entgegengesetzte Richtung fährt und dann die noch immer rote Fußgängerampel ausnützt, um sich unter die Fußgänger zu mischen. Aus der anderen Richtung kommen weder Autos noch Busse. Sie überquert die Straße und dreht sich um. Ein Auto, das aus der Seitenstraße kommt, wendet ebenso, als die Ampel gelb ist. Der Fahrer tritt auf die Bremse, und nur deswegen kann das Fahrrad knapp an ihm vorbeischießen. Die junge Frau hört nicht einmal auf, in die Pedale zu treten, sondern fährt schnell weiter, als wäre nichts passiert, und blickt stur geradeaus.

Ich kann ihr noch nicht mal einen Vorwurf daraus machen, früher habe ich ähnliche Manöver durchgezogen, habe Abkürzungen genommen, wann immer ich konnte, bin über rote Ampeln gefahren, wenn gerade niemand kam – lauter scheinbar kleine und unwichtige Regelverstöße.

Ich habe mich vor mir selbst gerechtfertigt, indem ich sagte: »Das bringt doch niemanden in Gefahr.« Ich tat diese Dinge aus einem Impuls heraus, als ob der Impuls auf keine inneren Strukturen reagieren würde, aber trotzdem habe ich damit gegen einen Kodex verstoßen. Ich wusste das, aber ich konnte einfach nicht anders. Ich will damit nur zeigen, dass die Freiheit, die das Fahrradfahren bedeutet, genauso auch Gefahren mit sich bringt. Aber es gibt Möglichkeiten, sie in den Griff zu bekommen.

Wir Fahrradfahrer legen im Stadtverkehr oft kritische Verhaltensmuster an den Tag, die tiefverwurzelten Denkstrukturen entspringen: Wir sehen eine Lücke zwischen zwei haltenden Bussen, und wir fahren hindurch. Wir fahren lieber in der falschen Richtung durch eine Straße, in der auf beiden Seiten Autos parken, sodass in der Mitte kaum eine Lücke bleibt, durch die ein Auto passt, als einen kleinen Umweg zu nehmen, auf dem wir nicht gegen die Fahrtrichtung verstoßen müssen. An Straßenecken machen wir manchmal mit Fußgängern dasselbe, was Autofahrer mit uns machen: Wir lassen sie nicht durch. Wir nutzen Gesetzeslücken, um die Gesetze zu brechen. Blinkende Fahrradlichter, rote Leuchtstreifen, Heckreflektoren, ein Helm, nur um eine einzige Straße entlang zu fahren … im Ernst jetzt?

Auch heute noch fällt es mir manchmal schwer, mich selbst zu bändigen: Ein Teil von mir ist schon drauf und dran, es einfach zu tun, ehe ich überhaupt eine Entscheidung treffen kann. Er trickst mein Bewusstsein für meine eigene Verletzlichkeit aus.

Böses Fahrrad, braver Junge.

Es reicht mir nicht zu wissen, dass ich etwas Falsches tue, um mich davon abzuhalten, es zu tun. Ich fahre meine Spur entlang, aber dann, aus einem Impuls heraus und weil sich gerade die Möglichkeit bietet, fahre ich dort, wo ich will, als wäre ich ein Fußgänger.

Kürzlich habe ich begonnen, gegen dieses Verhalten anzuarbeiten, indem ich mich selbst dazu anhalte, die Tatsache zu akzeptieren, dass all das nicht einfach nur kleine Marotten eines Fahrradfahrers sind, sondern dass sie mit anderen Verhaltensweisen und Reaktionen korrelieren, die ich in meinem alltäglichen Leben automatisch an den Tag lege. Mit den Dingen, die meine Persönlichkeit ausmachen.

Seit mir das klargeworden ist, versuche ich beim Radfahren (wenn ich denn daran denke), mithilfe eines kleinen »Theaters«, mich selbst auszutricksen und zu korrektem Handeln zu bewegen: Ich spiele einen Verkehrssünder, der jemanden spielt, der sich den Verkehrsregeln entsprechend verhält. Damit will ich mir selbst klarmachen, wie absurd mein Verhalten ist. Es gibt da dieses klassische Paradoxon von einem Lügner, der sagt: »Ich lüge«, damit der Bedeutung seiner eigenen Worte widerspricht und es seinem Gesprächspartner unmöglich macht, die Wahrheit herauszufinden. Wenn ich heute an einer Kreuzung den Fuß auf dem Boden abstütze und darauf warte, dass die Ampel grün wird, ehe ich weiterfahre, oder einen Umweg fahre, damit ich keine Einbahnstraße in die falsche Richtung fahren muss, oder anhalte, um einen Fußgänger über die Straße zu lassen, lache ich dabei still in mich hinein und denke an die Doppelbedeutung des englischen Verbs »to perform«: eine Handlung zu vollziehen und eine Rolle zu spielen. In Wahrheit gibt es nur eine einzige Bedeutung: *wie* wir etwas tun.

Ich habe dieses Spiel einmal gegenüber meiner engsten Freundin erwähnt, die für mich fast so etwas wie eine Schwester ist, Marcela Miguens, eine Psychotherapeutin, die mit ihren Klienten Fahrradausflüge macht. Sie erkannte das, was ich da tue, augenblicklich als Lernprozess. Sie sagt: »Die Imitation ist eine Möglichkeit, einen Anfang zu machen: Wenn du es dir nur lange genug ›vormachst‹, wird die Lüge zur Wahrheit, zu etwas Echtem.«

In meiner Jugend übte ich tippen, indem ich Textausschnitte von Borges abschrieb. Eines Tages begann ich die Worte zu verändern, und einige Tage später veränderte ich auch die Inhalte. Man könnte sagen, dass ich seine Texte als Stützräder benutzte, bis ich bereit war, selbst zu schreiben. Nach einer Weile hörte ich auf, die Worte des Meisters zu kopieren, und ließ mir meine eigenen einfallen.

Zu fahren, als handle es sich um eine Vorführung, und dabei das Richtige zu tun, verändert meine Beziehung zum Fahrradfahren und wird mich wohl bis in alle Ewigkeit in Staunen versetzen. Vor allem zwinge ich mich dazu, langsamer zu fahren, mich mehr zu entspannen und mit den Gedanken in der Gegenwart zu bleiben, statt bereits an mein Ziel zu denken.

Wenn ich mich darauf konzentriere, das Richtige zu tun, Aufmerksamkeit für meine Umgebung an den Tag lege und mit allem, was existiert, im Reinen bin, wird das Fahrradfahren zu einem Zustand, der dem gleicht, was im Zen als Gelassenheit bezeichnet wird. Gelassenheit bedeutet, eine Ruhe an den Tag zu legen, die weder vom Körper noch vom Geist abhängig ist, sondern als Respekt für das Aufeinandertreffen von Ich und äußeren Umständen zu verstehen ist.

Diese Einstellung an sich hält mich bereits wach. Sie löst alte Konditionierungen auf und ermöglicht es mir, in jeder Situation Herr meiner Reaktionen zu sein.

Wo ich auch bin, nichts kann mich davon abhalten, die Freiheit auszuschöpfen, auf meinem Weg meine eigene Vorstellung von Rechtschaffenheit auszuleben. Die Freiheit, die uns das Fahrrad schenkt, ist wie Zen: viel größer als es selbst.

Es handelt sich dabei nicht um die Art von Freiheit, die politische oder soziale System errichten oder erhalten können, da uns eine Freiheit, die uns geschenkt wird, auch wieder genommen werden kann. Der Radfahrer aber ist von einer Freiheit durchdrungen, die ihm niemand wieder nehmen kann. Eine Freiheit, die jeden von uns aus seinem tiefsten innersten heraus durchfließt.

Ihr Ziel ist nicht moralischer Natur, besteht also nicht darin, sich an die korrekte Handlungsweise zu halten. Es geht vielmehr darum, den Geist zu reinigen, bis wir uns unseres wahren Wesens bewusst werden können, das schlicht und einfach darin besteht, zu sein. Das wahrzunehmen, was passiert.

Wer auf der Straße fährt (der Straße des Lebens), ohne die Ordnung durcheinanderzubringen, erreicht diesen Zustand der Gelassenheit, die aus dem Zustand des Gewahrseins fließt. Es ist weniger eine Ethik als ein Ausdruck der Liebe und des Mitgefühls. Diese Eigenschaften haben die Fähigkeit, die Konditionierung rückgängig zu machen, die uns davon abhält, wahre Rücksicht auf andere Menschen zu nehmen.

Energie, erwache!

Jedes Spiel, jeder Sport besteht aus zwei Teilen: einem inneren und einem äußeren Spiel.

Im Allgemeinen lehrt man uns, den Gegner zu schlagen, die höchstmögliche Punktzahl zu erlangen, der Beste zu sein. Beim inneren Spiel dagegen geht es darum, unser wahres Wesen zu erkennen. Und dieses Erkennen findet nicht über die Augen statt, sondern durch den ganzen Körper, den ganzen Geist.

Es geht nicht darum, sonderlich viel nachzudenken, sondern darum, sich überraschen zu lassen, sich selbst zu erlauben, zu fahren, statt in die Pedale zu treten, und einfach abzuwarten, was passiert.

Es tritt in Erscheinung, während man es praktiziert.

EINKLANG zwischen dem Fahrrad und dir HERSTELLEN

»Die Bewegung macht sich selbst.«

[Zen-Sprichwort]

Ein Fahrrad zu justieren, es mit sich selbst »in Einklang zu bringen«, besteht im Wesentlichen darin, die Felgen zu kalibrieren, die Speichen zu spannen oder zu ersetzen, die Räder zu zentrieren, zu überprüfen, ob die Bremsen parallel stehen, die Zahnräder zu korrigieren, Achse, Kugellager, Zahnrad und Kette zu schmieren, den Luftdruck in den Reifen zu maximieren und alle Schrauben und Muttern nachzuziehen, die sich gelockert haben, auch wenn sie nicht klappern oder quietschen.

Jedes Mal, wenn der Fahrradmechaniker mir nach der Wartung mein Rad zurückgibt, habe ich den Eindruck, dass es sich unendlich weicher, harmonischer und angenehmer fährt als vorher. Die Schläuche, aufgepumpt bis zum Maximum, springen bei der kleinsten Unregelmäßigkeit auf der Straßenoberfläche, sorgen aber für ein wunderbares, festeres Fahrgefühl ohne Vibrationen. Wenn die Komponenten des Fahrrads nachgezogen werden, haben sie weniger Spiel. Alle Zwischenräume sind mit Schmierfett gefüllt, sodass sie gegeneinanderreiben können, ohne zu scheuern.

All das soll dazu dienen, die Reibung auf ein Minimum zu reduzieren. Das Fahrrad soll sich also in einem Zustand funktionaler Exzellenz (des geringsten Widerstands) befinden.

Dieses In-Einklang-Bringen macht das Fahrrad kontaktsensibler und bringt es dazu, auch noch auf den kleinsten Stimulus zu reagieren. Ich drücke ein wenig auf die Pedale, und schon nimmt es schneller Geschwindigkeit auf. Jeder Stein, über den ich fahre, wird im Lenker spürbar.

Ein gewartetes Fahrrad bedeutet weniger Störung durch die verschiedenen Aktionen und Reaktionen seitens des Fahrers, die nun problemlos die Mechanik des Fahrrads durchlaufen können. Gutes Fahren bedeutet, keine überflüssige Mühe aufbringen zu müssen. Ich stelle mir mehrere übereinandergelegte Metallringe vor: Wenn die Löcher in der Mitte passgenau übereinanderliegen, sodass es keine Blockaden gibt, trifft ein hindurchgeschobener Stab oder ein Kabel auf keinen Widerstand und kann sich freier drehen und bewegen.

Seit mir diese Probleme bewusst wurden, hat sich das Bild von den Metallscheiben in meinem Kopf manifestiert, eher als Hypothese, die es zu testen gilt, denn als Metapher. Geschieht dasselbe in einem Radfahrer? Geschieht mit diesem Energiefluss im Radfahrer dasselbe wie in den Mechanismen des Fahrrads? Wenn es mir gelingt, all meine Körperteile und alle beteiligten Energien in Einklang zu bringen, treffen die Kräfte – woher auch immer sie stammen – dann auf weniger Widerstand, wenn sie mich durchlaufen, geschweige denn, wenn ich es bin, der sie erzeugt? Wenn es mir gelingt, nur die notwendige Kraft aufzubringen, die die jeweilige Situation von mir fordert, und alles Überflüssige zu vermeiden, bringe ich mich dann selbst mit diesem in sich perfekt harmonierenden Fahrrad in Einklang?

Um das zu erreichen, muss ich lernen, zentriert zu bleiben, und zwar durch Strategien, die ich anderen Selbsterkenntnismethoden entnommen habe. Ich spreche davon, Gleichgewicht zu erlangen, indem man den Geist zur Ruhe kommen lässt, die Zunge lockert, die Schultern entspannt, auf seine Atmung achtet, seine Emotionen entschärft und alles Leistungsdenken außer Acht lässt. Also genau das, was im Zen beschrieben wird als die Umlenkung unserer Konzentration von dem Ergebnis, das wir erzielen wollen, auf jede einzelne, noch so kleine Etappe des Prozesses.

Körperliches Gleichgewicht kommt von selbst, wie beim Gehen. Dennoch trainiere ich es mithilfe einer Entspannungsgrundtechnik, die daraus besteht, in Gedanken alle Muskeln durchzugehen, einen nach dem anderen. Ich beginne mit Füßen und Beinen, höre darauf, was sie mir zu sagen haben. Ich versuche, sie anmutig und flexibel zu bewegen, als würde eine Flüssigkeit durch die hindurchfließen. Ich will dabei mehr bewirken, als sie nur zu lockern. Ich möchte mir der Bewegungen gewahr werden und die Energie durch sie hindurchfließen lassen.

In einem weiteren Sinn wird diese Harmonisierung unseres Seins mit unserem aktuellen Zustand und unserem Agieren in der Welt in der humanistischen Psychologie auch bezeichnet als Finden eines Zentrums in unserem inneren Ausrichtungsprozess. Ich will damit nicht sagen, dass unser Leben um eine Achse rotieren muss oder dass diese Achse das Zentrum von allem ist, sondern dass wir jede Situation, wie heftig sie auch sein mag, durchleben können, ohne unser inneres Gleichgewicht zu verlieren. Wenn unsere Achse nicht aus dem Gleichgewicht gerissen wird, sorgt sie in jeder Haltung und Situation dafür, dass unsere Bewegungen harmonisch verlaufen. Nichts kann uns von unserem Zentrum entfernen.

In Japan spricht man davon, »*zanshin* zu haben« – ständige Konzentration oder dauerhaftes Gewahrsein. Hat man *zanshin*, ist man aufmerksam, konzentriert und wachsam, und zwar nicht nur während der Spiele, sondern auch dazwischen. Es gibt Menschen, die so eng mit dieser Haltung verbunden sind, dass sie sich in einer Art dauerhaft erhabenem Zustand zu befinden scheinen.

Dieser und andere Gedanken darüber, wie ES zustande kommt, nicht nur in den kleinsten Dingen, sondern auch auf der alltäglichen Makroebene, kamen mir, während ich mein Fahrrad ansah oder fuhr, und sie alle fallen in die Kategorie des In-Einklang-Kommens.

Jenseits aller theoretischen Ausführungen erweiterte die bewusste Praxis meinen Blick und ließ mich erkennen, dass der Sinn – wenn es denn einen gibt – nicht in der Suche nach Einklang besteht, und auch nicht darin, mein Zentrum zu finden, sondern in der Praxis selbst. Das Ziel besteht nicht darin, besser und flüssiger zu fahren, sondern darin, die Zeit, die ich mit Fahren verbringe, der Verbindung zu widmen, die durch mich entsteht – zwischen dem Fahren und DEM, was manchmal als wahrer, universeller oder kosmischer Geist bezeichnet wird, manchmal als Buddha-Natur, manchmal als das Eine …

Ohne es zu wollen, wird ES ein Begleiter auf meiner Reise.

Vom LERNEN lernen

Jeder Künstler, ob westlich oder östlich, weiß, dass wahre Kunst, jene, die den Schöpfer zufriedenstellt, nicht daraus entsteht, dass Bewegungen »kunstvoll« ausgeführt werden, sondern daraus, dass die Bewegungen ausgefüllt werden, während man ganz und gar von dem erfüllt ist, was man tut, jenseits erlernter Techniken, die dazu dienen, dieses oder jenes Ergebnis zu erzielen. Spontaneität, Einfachheit, Tadellosigkeit und das, was im Zen als Achtsamkeit bezeichnet wird, sowie eine gewisse Willkür sind das, was Kunst ausmacht.

Es geht nicht darum, ein großer Künstler auf zwei Rädern zu werden, sondern um das chinesische Konzept des *xiu xing*, das diese Art des Suchens wohl am treffendsten beschreibt. Xiu xing bedeutet, Meisterschaft in dem Sinne zu erlangen, dass wir aus dem Lernen lernen.

Es mag anmaßend klingen, vom Fahrradfahren als Kunst zu sprechen, wo es doch eine so simple Tätigkeit ist. Aber um genau das geht es: in einer kleinen Sache, die vielleicht sogar Routine ist, das Tor zu einer Kosmogonie der Korrelationen zu finden und so die bloße Tatsache des Fahrens zu transzendieren. Wie bei allen energetischen Prozessen oder der Transformation von Energie in etwas anderes gibt es auch hier Aspekte, die über das rationale Verstehen hinausgehen.

Die meisten Radfahrer würden ihre Räder hinter mir herschmeißen, wenn ich ihnen sagte, dass sie sich auf die Suche nach ihrem inneren Selbst machen, wenn sie aufsteigen und losradeln. Oder dass die Kraft, die sie auf die Pedale ausüben, nicht nur ihre eigene ist. Oder dass eine ätherische Hand uns von einem Ort aus stützt, der weder oben noch unten, hinten oder vorne ist, sondern überall zugleich, auch in uns selbst. Oder dass die Stimme der Ewigkeit zu jedem Zeitpunkt in uns widerhallt. Und doch ist es ein wenig so, wenn sich Muskeln, Geist und Seele zusammentun, um anmutige Bewegungen durch Zeit und Raum zu erzeugen. Alles, was wir tun, ist mit einem großen Ganzen synchronisiert, das größer ist als die Summe der beteiligten Teile, und geht über die bloße Tatsache der Tätigkeit hinaus.

Es ist ein Ausdruck dafür, dass er stärker mit einer höheren Energie harmoniert.

RUHEN in der inneren MITTE

Wir sind daran gewöhnt zu denken, dass Stärke den Muskeln entspringt, dass wir das Gleichgewicht halten, indem wir die Hände am Lenker haben, dass unser Herz schneller schlägt, wenn wir erschöpft sind, und es stets unser Verstand ist, der entscheidet, wie wir uns in verschiedenen Situationen zu verhalten haben. Auf der Alltagsebene lassen sich diese Überzeugungen durchaus auch als zutreffend bezeichnen, da man viel mehr nicht zu wissen braucht, um Fahrrad zu fahren. Doch dieses Konzept ignoriert das Element, das all die Teile und ihre Funktionen verbindet: den ständigen Fluss der Vitalenergie.

Dabei ist es weniger wichtig, die Eigenschaften dieser Energie zu entschlüsseln, die man in China als *chi*, in Japan als *ki,* in Indien als *kundalini* oder *prana* kennt und unter Sufis als *baraka*. Was zählt ist, ihren Fluss durch das *hara*, den energetischen Kern in unserem Unterleib, in den Rest unseres Körpers zu ermöglichen.

Die Bewegungsabfolgen im Tai Chi Chuan versuchen, diesen ätherischen Rhythmus in Bewegungen zu übersetzen. Auch in der Akupunktur wird versucht, diesen Energien den Weg freizumachen, indem Knotenpunkte stimuliert werden, sodass die Energie entlang der Meridiane, die den verschiedenen Organen zugeordnet werden, besser zirkulieren kann. Auch wenn Aikido als Kampfkunst gilt, besteht sein Ziel darin, die subatomaren Gewaltpartikel, die in allen Menschen auftreten, in etwas Positives umzukanalisieren und diese Energie wieder in einen harmonischen Zustand zurückzuversetzen.

Wo ist die enorme Kraft von Sumo-Ringern angesiedelt, wenn nicht in ihren gewaltigen Bäuchen?

Es gibt eine Region (einen Vortex, um es anschaulicher auszudrücken) in unserer Körpermitte, die den Rest nährt und verbindet. Sie liegt etwa zwei, drei Zentimeter unterhalb des Nabels, wo im Yoga das dritte Chakra angesiedelt ist, in China das *tan tien,* bei den Sufis das *kath* und in Japan das *hara* und in der wir Menschen aus dem Westen den Körperschwerpunkt verorten würden. Man glaubt, der Treibstoff, den wir brauchen, damit sich die Muskeln kontrahieren oder lockern (je nachdem, ob wir stillstehen oder in Bewegung sind), würde aus diesem Punkt fließen.

Im Japanischen wird das das *hara* auch als *kikai tandem* bezeichnet: *kikai* heißt Ozean, *tandem* Energiefeld. Wie beim Ozean oder einem Energiefeld handelt es sich bei diesem Verarbeitungszentrum ebenfalls nicht um eine konkrete materielle Struktur mit einer festen Beschaffenheit. Die moderne Physik benutzt den Ausdruck »Feld«, um Beschaffenheit und Aufgabe von Phänomenen jenseits ihrer Form und jeder Art von anatomischer Beschreibung zu umreißen. Dieser Blickwinkel führt uns näher an das taoistische Konzept der Leere *(ku)* heran: das lebendige Vakuum, in dem Energien permanent aufgelöst und neu formiert werden. Um sich gedanklich an dieses Konzept anzunähern, sollte man es sich weniger als etwas vorstellen, das durch Partikel zusammengesetzt ist und von diesem durchdrungen wird, sondern eher als Gas (in einem metaphorischen Sinn): ein Strom »entmaterialisierter Materie« in seiner winzigsten Form, die trotz ihrer großen Leichtigkeit den élan *vital* in sich trägt. Ein Nichts, in dem alles enthalten ist. Ein flüchtiges Etwas, das ununterbrochen seine Form wandelt und sich neu formiert. Jede Bewegung, die wir machen, formt den Fluss neu.

Das *hara* funktioniert nicht wie ein Kreisel, und wir können auch nicht mithilfe unseres Willens die Energie kontrollieren, die es durchläuft oder aus ihm aufsteigt. Meister der Kampfkunst versuchen nur zu lernen, sich ihres Potenzials als Empfänger, Regulatoren und Verteiler dieses Flusses bewusst zu werden.

An einem steilen Hang können wir keine Kraft aus unserem Bauch erzeugen, aber wir können unseren Bauch entspannen und dafür sorgen, dass er auch entspannt bleibt, damit die Energie, die in den Beinen ankommt, so frisch und unverbraucht wie irgend möglich ist. In dieser Situation sollte man versuchen, die Unterleibsregion zu lockern und Luft hineinzuschicken: Du wirst schnell merken, dass das wie Schmiermittel für die Gelenke und Muskeln der unteren Gliedmaße wirkt.

Wer mit dem *hara* arbeitet, sagt, es lasse nicht zu, dass man es kennt, nur, dass man es *erkennt*. Alle neuen Informationen, die eintreffen (beispielsweise die Anregung, das Rückgrat aufzurichten), stützen sich auf die Vorstellung, dass unsere Handlungen und Überzeugungen (in diesem Fall, dass sich der Verstand auf das Rückgrat konzentriert) nicht im leeren Raum schweben.

Indem das *hara* die materielle Dimension transzendiert, dient es als Schnittstelle zwischen der physischen Ebene und dem Energiefeld, in dem das Leben des Universums uns alle miteinschließt. Vom *hara* aus zu handeln bedeutet viel mehr als nur, sich seiner Energie und seines Aufenthaltsortes bewusst zu sein: Es weist auf einen graduellen Anerkennungsprozess hin, auf Offenheit und eine Wiedervereinigung mit der essenziellen Kraft.

Im Japanischen hat das Wort Einzug ins Alltagsvokabular gehalten und ein breites Bedeutungsspektrum, das von einem »Seinszustand« bis zu einer Stufe der »Reife« auf der Reise hin zu dem Bewusstsein dafür reicht, dass wir alle Teil von etwas Größerem sind.

Die Japaner waren auch die Ersten, die diese innere Einstellung mit einer menschlichen Körperhaltung assoziierten.

Wenn sie sagen, dass jemand »nicht in seinem *hara* ist«, meinen sie damit nicht nur, dass sein Bauch angespannt und die Brust aufgebläht ist, sondern sie »lesen« aus dieser Haltung auch heraus, dass er die Verbindung zu seiner Achse, seinem Schwerkraftzentrum, verloren hat. Das erzeugt natürlich körperliche Spannung, aber auch einen Energieverlust und das Gefühl, »aus dem Gleichgewicht geraten zu sein«. Dass wir das individuelle Selbst über die natürliche Ordnung stellen, zählt zu den Ursprüngen so mancher körperlichen und psychischen Krankheit, mit der die moderne Welt zu kämpfen hat.

In der zweiten Hälfte des zwanzigsten Jahrhunderts wurde das Konzept des *hara* auch im Westen bekannter. Teilweise hing das mit der Beliebtheit japanischer Kampfsportarten zusammen, teilweise aber sicherlich auch damit, dass *hara* von der Suche nach ursprünglicher Einheit erzählt und damals ein neues Paradigma aufkam, in dem Körper, Seele und Geist (Geist im Sinne eines Bewusstseins für dieses universale Leben) als untereinander verknüpfte Einheiten und Ausdrücke derselben Energie galten, die sie mit der natürlichen Ordnung vereinen.

In diesem Sinne versucht Zen, den Verstand, der dazu neigt, die Dinge zu trennen (dualistisches Denken), mit der Vorstellung wiederzuvereinen, dass sich Gegensätzliches ergänzt. Es gibt nicht die eine Welt des angelernten Wissens und die andere des intuitiven Wissens. Es gibt keine von der geistigen Realität getrennte physische Realität. Es gibt keine Übung, mit der sich die Technik verbessern lässt, damit man mehr leisten kann (»etwas tun können«), und eine andere Übung, die das Innere transformiert (»sein können«). Es gibt kein Oben und Unten. Es gibt nicht »Ich« und das, was ich nicht bin. Es gibt keinen entspannten, reglosen Bauch und einen anderen, der dazu in der Lage ist, schnell zu agieren.

Zu lernen bedeutet, sich von dem Bild antagonistischer und kontradiktorischer Gegensätze zu lösen und es durch ein Bild ursprünglicher Einheit zu ersetzen.

MENSCH – RAD – WEG

Das Ego bleibt nicht auf der Strecke,
es ist nirgendwo und überall.

Unser Gesicht, unser Körper, die Bewegungen,
die wir mit den Beinen machen, gleiten durch die Luft,
ignorieren die Barriere zwischen uns und der Welt.
Autos und Beton, die verrückte Schönheit der Stadt,
unser Vorwärtskommen – all das tanzt gemeinsam
auf ein gemeinsames Schicksal zu.

Der Dichter und Radfahrer Gary Snyder schrieb:

»Der Weg ist das, was geschieht –
er ist kein Zweck an sich.

Um den Weg zu nehmen, musst du der Weg werden.«

Ein BEWUSSTSEIN, das über WORTE HINAUSGEHT

»Ich ging und kam wieder.
Es war nichts Besonderes.«

[Su Dongpo]

Es ist mir nie gelungen, das auf den ersten Seiten dieses Buchs beschriebene Gefühl, das ich vor dreißig Jahren dort draußen am Strand empfand, mit derselben Intensität wiederzuerleben – dieses Gefühl des Nichts, der Abwesenheit, des Vergessens, des Mangels an Gedanken. Das Gefühl einer Leere, die mich »wach macht für die Tatsachen« (im Zen: *wu*).

Es hat gedauert, bis ich verstand, dass es der Wunsch danach ist, der dieses Wiedererleben verhindert. Es lässt sich nur heraufbeschwören, nachdem es sich ereignet hat.

Niemals währenddessen.

Bei anderen Gelegenheiten, viel häufiger wohl, als ich mich erinnere, mag ich alles vergessen haben, was ich über dieses wunderbare Gefühl wusste, und es vielleicht einfach erlebt haben. Wie Millionen von Fahrradfahrern auf diesem Planeten auch lebte ich die Erfahrung oder die Erfahrung lebte mich.

Fast alle Leute, die meditieren, fragen sich früher oder später: *Wer ist da eigentlich in mir, wenn ich den Punkt erreiche,*

an dem die Gedanken aufhören zu sein? An dem niemand mehr da zu sein scheint, nicht einmal ein Echo meiner verstummten Gedanken? Es ist niemand da, der bezeugen könnte, was in dieser Leere geschieht.

In den Upanischaden, dem heiligen Buch des Hinduismus, wird kein Raum für Zweifel gelassen. Dort heißt es, wenn wir meditieren und in uns eine Stimme rufen hören: »Ja, es hat geklappt!«, oder einem Lehrer lauschen und ihm antworten: »Ja, ich habe verstanden«, dass wir uns dann sicher sein können, dass ES sich aufgelöst hat.

Die Antwort, die es wohl noch am ehesten trifft (nicht die am wenigsten illusorische, aber auch nicht die realste), ließe sich wohl in der Stille finden, in einer Stille, in der wir diese Antwort erlangen, ohne sie verstehen zu wollen. In dem einfachen Wissen, dass ES dir möglicherweise einen Besuch abgestattet hat, nicht mehr und nicht weniger. Was bleibt, ist seine ätherische Leichtigkeit.

Ent-IDENTIFIZIERUNG

Wenn wir uns beim Meditieren auch nur das kleinste Bisschen anstrengen, um unseren Verstand leer werden zu lassen (oder in einen Zustand des Nichts zu versetzen), dann erlauben wir der Dualität und Unnatürlichkeit, Einzug zu halten. Für das Erreichen dieses Abwesenheitszustands ist nichts kontraproduktiver als Wachsamkeit, als das Warten darauf, dass es geschieht. Wenn ich Rad fahre und plötzlich dort ankomme, wohin ich unterwegs bin, ohne die Fahrt wirklich überhaupt mitbekommen zu haben, versuche ich doch auch nicht, zurückzublicken und nach Antworten zu suchen. Ich möchte nicht, dass sich dieser Zustand als Gedankenform etabliert. Ein ähnliches Risiko gehe ich jetzt gerade ein, indem ich über ES schreibe.

Das Gefühl der Abwesenheit hat nichts zu tun mit dem, was unsere westliche Kultur als Abwesenheit beschreibt: Mangel oder passives Warten. Im Zustand des Nicht-Verstands, der nicht nur beim Radfahren, sondern auch bei vielen anderen Gelegenheiten auftritt, entsteht ein starkes Gefühl der Gegenwärtigkeit: ein weniger vom Denken dominierter Verstand, der weiterhin wachsam ist für die Botschaften des Körpers und alles, was passiert und passieren könnte.

Manchmal wird dieser Prozess auch als »Integration« bezeichnet. Damit ist gemeint, dass man die Differenzen beiseitelässt, die durch den Verstand, durch Denken und Sprache geschaffen werde, und stattdessen den Fluss als Ganzes wahrnimmt – einen Fluss, in dem die Harmonie zwischen den Teilen eine einzige, dicht verwobene Beziehung erzeugt.

Zen läuft auf denselben Zustand hinaus, nimmt aber einen anderen Weg: Der Zustand entspringt hier dem Begreifen, dass das Selbst, der kleine Mann, durch dessen Augen ich die Welt betrachte, mich glauben macht, ich sei getrennt von dem, was ich sehe. Dass er Grenzen errichtet, nicht nur in mir, sondern auch außerhalb von mir. Wenn ich denke, das, was ich da sehe, sei nicht ich, dass es mir fremd ist, dann erzeuge ich eine Trennung zwischen mir und dem Wahrgenommenen, und es ist diese Trennung, die mich absondert. Wenn im Zen davon gesprochen wird, dass man sich von seiner Identität loslöst, ist gemeint, dass

»ich« darauf beharre, mich selbst davon zu überzeugen, dass einzig und alleine meine Wahrnehmung zählt.

Wenn ich aufhöre darüber nachzudenken, dass draußen etwas von mir Getrenntes existiert, verschwindet es nicht, sondern erweitert sich eher – es transzendiert die Grenzen, die durch die Umrisse der Dinge erzeugt werden, und vermengt sich mit den Dingen.

Das Auge des Verstands trennt Dinge, Ereignisse und Tatsachen und konditioniert uns darauf, sie alle als getrennte Einheiten wahrzunehmen. In der natürlichen Ordnung stehen alle Phänomene, die physischen wie die abstrakten, in einer Beziehung zum Ganzen.

Wenn im Zen vorgeschlagen wird, man möge seinen Verstand beobachten, sollen wir dadurch nicht von der Erfahrung losgelöst werden. Ganz im Gegenteil geht es ihm sogar darum, sich auf andere Weise mit uns zu verbinden.

Er will, dass wir ohne die Parameter des »Ich« erkennen, wo die Grenzen verlaufen, die ein Ding vom andern trennen und auch uns von den Dingen trennten.

Er versucht auch, uns zu vermitteln, dass das Selbst nichts weiter ist als ein Element des Ganzen unter vielen.

Das Bewusstsein befreit sich von den Formen. Es ent-identifiziert sich und wird zu einer Präsenz.

Jeder Radfahrer, der diese Abwesenheit schon einmal am eigenen Leib erlebt hat, braucht keine Argumente mehr, die den Sinn hinter dem Erwachen erklären. Beim Fahren wird evident, dass er sich mit der Substanz vermengt, die ihn umgibt, und seine Perspektive es ihm auf einmal ermöglicht, mit allem eins zu sein, was er sieht, ja, selbst mit dem, was er *nicht* sieht. Er empfindet sich selbst zu etwas gehörig, das unendlich viel größer ist als sein Körper, sein Bewusstsein, seine Sprache. Dieses gewaltige Etwas befindet sich nicht vor ihm, nicht hinter, unter, über ihm – er sieht es überall, wo er hinblickt.

Etwas ist da, in diesem Augenblick, und es zeigt sich auf eine ähnliche Weise, wie es wohl auch die Ewigkeit tun würde.

Ich weiß nicht, was es ist,

nur, dass es ist.

Ob ich es nun verstehe oder nicht.

Stück für Stück beginnen die Gedanken und Vorstellungen zu verblassen, und das Bewusstsein löst sich von seinen gewohnten neuronalen Wegen. Die geistige Aktivität wird ein Feld, durch das inhaltslose Wellen fließen oder Wellen mit selbsterzeugtem Inhalt, der Ebenen entspringt, die das gewöhnliche Bewusstsein nicht kontrollieren kann.

Der Verstand unterbricht seine Aktivität nicht. Ein paar Gedanken kommen und gehen, aber der Verstand hängt sich nicht an ihnen auf. Er lässt sie vorbeiziehen. Und diese Parade, frei, zufällig, angereichert durch die Bilder, die in unseren Kopf hineingehen und dort wiederum neue Bilder erzeugen, reinigt unseren Verstand und versetzt ihn in einen Zustand der »Empfänglichkeit«. Der Offenheit. Ordnung. Sortiertheit. Es scheint, als würden wir über nichts nachdenken. Als sei der Verstand, als sei man selbst nicht da.

Das Konzept der Abwesenheit entspricht der Leere (im Japanischen: *ku*, im Sanskrit: *sunyata*), das im Zen so eine zentrale Rolle spielt.

Die Leere in der Form und die Form in der Leere. Wenn wir diese Wechselwirkung verstehen, gewinnen wir eine neue Perspektive auf den inneren Raum und alles, was er vermag. Die Tasse ist der Hohlraum, in den wir unseren Tee schütten können. Tätigkeit wird zu Untätigkeit. Das Gefühl der Abwesenheit ermöglicht das Zustandekommen anderer Zustände, in denen ES sich durch JENES zeigen kann.

Wenn das wahrnehmende Ego der Leere weicht, können neue Kräfte in Aktion treten.

Selbst wenn man glaubt, man würde sich bemühen, scheinen die Handlungen wie von selbst zu erfolgen. Wenn die alten Gewohnheiten vorübergehend außer Kraft gesetzt werden, können neue Kräfte walten.

Es war schwer – und ist es immer noch – für meinen Verstand, die Vorstellung der Leere als etwas Substanzielles anzuerkennen. Noch immer wehrt sich etwas in mir gegen die Erkenntnis, dass das Selbst innerhalb von etwas Größerem existiert, das kein Zentrum besitzt und das »Nicht-Ich« genannt wird. Und dass die einzige Möglichkeit, etwas zu besitzen, darin besteht, es loslassen zu können.

Manchmal dachte ich auf meinem Weg, das angemessenste Wort sei wohl »überreichen«, aber auch in dem Verb »anbieten« ist implizit ein Gefühl der Intention enthalten. Es hat etwas von dem Gedanken: »Oh, was für ein braver Junge. Er bringt ein Opfer fürs Karma!«

Im Buddhismus wird das Wort *satori* (Erwachen) benutzt, um die Momente zu beschreiben, in denen wir aufhören, uns von unserem Ego lenken zu lassen, und als Deuter und Instrumente einer fundamentalen kosmischen Kraft agieren. In der Praxis existiert *satori* nicht – es ist etwas und nichts zugleich. Wahres Erwachen verläuft unbewusst. Wenn es uns bewusst ist, ist es nicht mehr *satori*.

»Wenn ›satori‹ Erwachen und Begreifen bedeutet, dann habe ich schon viele *satori* erlebt«, schrieb der Meister Taisen Deshimaru. Aber das ist es nicht, was *satori* bedeutet. Das wahre *satori* ist die Rückkehr in den Normalzustand, der dem Geist entspringt.

ALLES ist so sehr **ES**, wie es nur sein kann

Wir treten in die Pedale und die Minuten vergehen, ohne dass wir es merken, weil wir uns ganz in der Gegenwart befinden, die sich voranbewegt, sich verschiebt, als würde sie dem Vorderrad folgen. Zeit und Raum sind miteinander identisch.

Die Augen blicken gleichzeitig nach innen und nach außen. Sie mögen unbeteiligt wirken, aber sie nehmen Informationen auf. Der Verstand speichert grafische Erinnerungen ab. Sein Ziel besteht nicht darin, irgendetwas Bestimmtes zu entdecken, sondern die Aufmerksamkeit einfach aufrechtzuerhalten, sie fließen zu lassen. Diese Form, die Realität zu verstehen, macht den Radfahrer eher zu jemandem, der über das Mystische nachdenkt, als zu jemandem, der auf den Bildschirm eines Videospiels starrt.

Wenn das Ich uns verlässt, verschwindet es nicht – es integriert sich in den Prozess, und zwar einer Logik folgend, die für uns Menschen aus dem Westen schwer zu akzeptieren ist: Indem es nicht da ist und alles aufnimmt, ist es stärker ins Ganze integriert.

Eine harmonische Einfachheit regiert die verwobene Beziehung der Teile und bringt uns mit dem großen Ganzen in Einklang. In diesem Zustand gibt es keinen Unterschied zwischen unserem Vorankommen und dem Ich oder selbst.

Auf dem Rad scheint der Körper sein Gewicht zu verlieren und der Verstand sein Bewusstsein zu erweitern.

Es kommt, es geht.

Allem scheint etwas von DEM zu unterliegen.

Wenn wir das Rad zwischen unseren Beinen als eine Erweiterung von DEM wahrnehmen, lässt uns das unseren Körper vergessen. Zuerst vergessen wir den Prozess aus Analyse, Prognose und Entscheidung, der ununterbrochen in uns abläuft. Dann vergessen wir, dass es zwei getrennte Wesen gibt, ein lebendiges und ein funktionales. Wir vergessen die fünf Kontaktpunkte, die unseren Körper mit dem Rad verbinden. Wir vergessen, dass die Räder von der Straßenoberfläche getragen werden und dass wir von einer Unmenge anderer Wesen umgeben sind. Körper, Rad und Straße vermengen sich, der Verstand verlässt die Zeit, verlässt die Fahrt, verlässt den Körper.

Wenn nun ein Ich anwesend ist, dann ist es das Ich des Erlebens.

Im Internet kursiert eine Geschichte, die sich vermutlich niemals so abgespielt hat, aber nichtsdestoweniger vielsagend ist. Ein Zen-Meister sieht, wie fünf seiner Schüler vom Markt zurückkommen, jeder auf seinem Fahrrad.

Als sie das Kloster erreichen, fragt er sie, weshalb sie mit dem Fahrrad gefahren sind.

Der Erste antwortet: »Auf meinem Rad kann ich diesen Kartoffelsack transportieren. Ich freue mich, dass ich ihn nicht auf meinen Schultern tragen musste.« Der Meister sagt: »Du bist ein kluger Junge. Wenn du alt bist, wirst du nicht so gebeugt gehen müssen wie ich.«

Der zweite Junge antwortet: »Meister, ich kann die Bäume und Felder an mir vorbeiziehen sehen, wenn ich mit dem Rad fahre.« Der Lehrer sagt: »Deine Augen sind offen, und du siehst die Welt.«

Der Dritte antwortet: »Wenn ich in die Pedale trete, durchdringt das Universum meinen Verstand.« Der Lehrer sagt: »Dein Verstand wird so perfekt funktionieren wie ein Rad, das gerade erst neu ausgerichtet wurde.«

Der Vierte antwortet: »Wenn ich in die Pedale trete, fühle ich mich im Einklang mit allen Wesen.« Der Lehrer nickt. »Du befindest dich auf dem goldenen Weg.«

Der fünfte Schüler schließlich antwortet: »Ich fahre nur Rad, um Rad zu fahren.«

Der Meister setzt sich zu seinen Füßen und sagt: »Ab jetzt bin ich dein Schüler.«

Ich fahre nur Rad, um Rad zu fahren. Das ist, wie den Pfeil selbst entscheiden zu lassen, wann der Finger den Bogen loslassen muss. Die grundlegende Einstellung hinter allem, das als Praxis verstanden werden kann, hat damit zu tun, es »geschehen zu lassen«, »nicht zu suchen«, »nicht zu versuchen, das Unbekannte durch das Bekannte zu erreichen«, »den Verstand von allen Illusionen zu reinigen« … und einfach um des Fahrens willen zu fahren.

»Praxis ist ein endloser Prozess der Enttäuschungen«, sagte Edgardo Werbin, Notarzt und Zen-Meister und ein Bekannter von mir. »Alles, was wir erreichen, enttäuscht uns früher oder später, und diese Enttäuschung ist der Meister der ersten vier Schüler.«

Wenn du um drei Uhr morgens aufwachst und dich fragst: Wofür das alles, wofür habe ich all das erreicht? Was bringen mir all meine Gedanken? – dann würde dir ein Zen-Meister dasselbe sagen wie Edgardo. Es sind diese Augenblicke, in denen die Mauer des Dualismus zerbröckelt und wir erkennen, dass Glück und Verzweiflung gar nicht so weit voneinander entfernt liegen, dass Gefühle, die uns gegensätzlich erscheinen – Freude/Deprimiertheit, Jubel/Elend, gute Laune/schlechte Laune – etwas gemeinsam haben: Sie alle sind Produkte unserer Sichtweise. Und was uns die Dinge auf diese Weise sehen lässt, ist die Illusion.

Es genügt, die Möglichkeit in Betracht zu ziehen, dass das wahr sein könnte, und alles, auch das Leben selbst, wirkt roboterhaft, repetitiv, neutral und eintönig. Das Gefühl der Langeweile ist auch ein Lehrer, sagen all jene, die den Weg schon seit Langem beschreiten.

Wer ist es, der sich langweilt, wenn es nicht ich selbst bin? Er, der langsam lernt, dass jeder Augenblick neu und nicht derselbe ist wie der in der Vergangenheit bereits gelebte und wiederholte. Jedes Mal, wenn ich mir die Zähne putze, scheint das zunächst genauso zu sein wie gestern, und doch handelt es sich um eine neue »Sitzung« des Zähneputzens. Jedes Mal, wenn ich mit dem Fahrrad unterwegs bin, handelt es sich um einen neuen Aufbruch. Jedes Mal, wenn ich mich auf das Fahren konzentriere ... Die Zen-Dichter nutzen die Metapher der Tautropfen, die sich jeden Morgen aufs Gras legen. Der Tropfen ist nicht mehr derselbe, wenn er von einem Blatt auf ein anderes fällt.

Sich des Hier und Jetzt, das sich von Augenblick zu Augenblick bewegt, bewusst zu sein, ohne zu vergleichen, ohne zu urteilen, ohne zu verdammen und möglichst sogar, ohne zu konzeptualisieren, ist genauso ein stiller Tautropfen.

Stille heißt nicht, die Erfahrung der Leere zu ignorieren. Es heißt, sie nicht zu benennen.

Stille bedeutet, zu lauschen und es dir selbst zu erlauben, mit neuen Augen in die Welt hinauszusehen, wenn möglich all deines Wissens entleert. Ohne Worte zu nutzen und mit einem Bewusstsein, das frei ist von allen Erinnerungen. Zu sehen, was sich vor und um uns ereignet. Und zwar so, wie es ist.

Diese gleichzeitig sehr schwer und ganz leicht zu erlangende Haltung ermöglicht es dir, mit dem Rad zu fahren und dabei Präsenz an den Tag zu legen. Man wird zu jemandem, der von Moment zu Moment gleitet und sich in Anbetracht jeder einzelnen Situation sagt: Wie wunderbar, wie wunderbar! Oder man sagt sich einfach gar nichts und nimmt alles als Subjekt wahr, ist bloßer Zeuge. »Ein zweites Selbst, das mit leidenschaftsloser Neugierde beobachten kann«, wie es William Styron ausdrückt.

Dieser Zustand der Freude und des Glücks, den das Radfahren hervorbringt, bringt unsere Zellen zum Lächeln. Mir jedenfalls fällt keine bessere Beschreibung für diesen Zustand ein, und ich stelle mir vor, wie sich ihre kleinen Mundwinkel nach oben ziehen.

Dieses innere Lächeln, das sich auf den Gesichtern der meisten Radfahrer im Stadtverkehr widerspiegelt, erzählt von ihrem Gefühl, sich vom Selbst und der Vergangenheit zu befreien. Jeder Augenblick, den man auf einem Rad verlebt, wie oft er sich scheinbar auch schon wiederholt haben mag, beschenkt Körper und Bewusstsein mit dem Staunen, das jeder einzelne Augenblick in sich trägt. Immer.

Dies ist das unsichtbare Erleben: das direkte.

Der Rest besteht darin, in die Pedale zu treten, seine Atmung zu beobachten und vertrauen zu haben, auch wenn man nicht versteht, warum oder in was.

Mehr scheint nicht dahinterzustecken.

Der ALLTAG als WEG

In seinem Buch *Sei jetzt hier* nennt Ram Dass (Dr. Richard Alpert) einige Leitlinien dafür, wie man auf seinem spirituellen Weg die Perspektive wahren kann. Ich finde es nicht erstaunlich, dass sie sich auch auf die geistige Vorbereitung des Radfahrers anwenden lassen. »Da es keine Ziele gibt«, sagt Ram Dass, »gibt es auch keine Etappen.«

Für ihn kann nach der Anfangseuphorie beim Beginnen gleich welcher Praktik (in diesem Fall des Radfahrens ohne Konkurrenzdenken), also nachdem der Reiz des Neuen abgeklungen ist, das eigentliche Lernen beginnen. Der Weg zur Perfektionierung erfordert, dass wir die Vorstellung von der Perfektion aufgeben. Erst dann beginnen wir klar zu erkennen, was genau wir da eigentlich gerade erlernen.

In anderen Augenblicken erleben wir eine vollkommene Ruhe. Es ist, als würde der Lernprozess pausieren und wir würden auf einer weiten Ebene dahintreiben. Es ist unmöglich zurückzukehren, die Reise ist unumkehrbar. In dieser Leere zu verbleiben, ohne es infrage zu stellen, verwandelt die Leere in einen Inhalt.

Jeder Radfahrer weiß, dass man nicht rückwärts fährt, wenn man rückwärts in die Pedale tritt.

Einmal begonnen, kommt der Prozess des Fahrradfahrens nicht zum Halt, nur weil wir absteigen. Er scheint lediglich aus dem Blickwinkel, aus dem wir ihn betrachten, aufzuhören. Dieser Gedanke ist ein Hindernis.

Mit großer Wahrscheinlichkeit wird es Phasen geben, in denen wir das eine suchen, und andere Phasen, in denen wir etwas anderes suchen. Man möge keine Offenbarung erwarten, rät Ram Dass, denn je unsichtbarer dieser Prozess ablaufe, desto transparenter werde er.

Auch Buddha scheint den Fahrradfahrer anzusprechen, wenn er vom Pfad oder Weg spricht. Er sagt, für jeden Menschen sei der Weg die Strecke mit dem geringsten Widerstand. Er führe hin zu einer Begegnung mit der Wahrheit, mit innerem Wissen und der Vereinigung mit dem EINEN. Ein Zustand des Gleichgewichts, den wir Menschen erreichen können, wenn wir die Gesetze richtigen Lebens verstehen. Er beruht auf der Gelassenheit, die erreicht wird, indem wir das Ich transzendieren und lernen, die Attraktionen zu erkennen, die die Welt für uns bereit hält. Für Buddha kerkern diese Attraktionen (oder Ablenkungen) das Bewusstsein ein und trennen uns vom Funken DESSEN, was in uns allen ist. Im Buddhismus und Taoismus wird diese Einstellung als der »mittlere Weg« bezeichnet.

Kein Fahrradhersteller behauptet – zumindest bislang nicht –, dass seine Modelle uns auf diesen Weg bringen oder uns dabei helfen könnten, höhere Bewusstseinsebenen zu erreichen. Aber gerade, indem sie es nicht aussprechen, scheinen sie zu bestätigen, dass einige universelle Prämissen für alle Arten des Fahrens Gültigkeit besitzen: Der Weg macht keine Versprechungen. Du musst ihn ohne alle Erwartungen betreten und dir dessen bewusst sein, dass er letztlich auf ein sukzessives Vergessen unseres Selbst hinausläuft und sich die Energie schrittweise enthüllt. Während mancher Wegabschnitte wirst du von Energie umgeben und begreifst den Wert unpersönlichen, stillen und unsichtbaren Handelns. Andere Abschnitte fordern Empfänglichkeit, Geduld, Solidarität, Beharrlichkeit und Mut von dir. Immer reflektiert das Rad den Fahrer: Wenn es schnell fährt, fahre auch ich schnell.

»Er fuhr sehr langsam, weil er an jeder Seite des Hinterrads eine Tüte mit frisch geernteten Orangen balancierte, und eine weitere am Lenker«, erklärt mir Ryúnan Bustamente über Ermita de Paja, ein anderes Mitglied seines *dojos*. »Die Straße öffnete sich vor ihm und schloss sich direkt hinter ihm wieder. Wie eine göttliche Erscheinung.«

NIRGENDWO

»Als Junge jagte ich einst auf meinem Fahrrad das Ende eines Regenbogens und war verblüfft, dass es sich immer weiter entfernte.«

[Alan Watts]

Radfahren führt nirgendwo hin, so wie es bei jeder Sinnsuche ist, die über den üblichen Rahmen hinausgeht. Das ist das Zenmäßigste, was passieren kann!

Und die Praxis ist nichts weiter als der Weg, den man beschreitet, und das Beste am Weg des Fahrrads ist, dass er niemals endet. Das Ich, das ich kenne, ist niemals das Ich, das ich kennen sollte. Wenn ich Glück habe, entfernt sich mein

Zielort für jeden Kilometer, den ich fahre, immer zwei Kilometer weiter von mir.

Die meisten Anhänger der Rationalität und der kartesischen Logik neigen zu der Vorstellung, dass wir »auf etwas zu gehen müssen«, wenn wir es erreichen wollen, und zwar in die richtige Richtung. Wie viele Kilometer legen wir nicht zurück auf der Suche nach etwas, das so nahe ist, dass wir manchmal die Perspektive aus dem Blick verlieren und denken, wir seien irgendwo falsch abgebogen? Woran liegt es nur, dass wir nicht akzeptieren können, dass Umwege der Weg *sind*?

Weit zu gehen bedeutet zurückzukehren. Mein Verstand kann sich für diesen und andere Sätze von Lao Tzu begeistern. Ich schreibe sie nieder. Ich deute sie. Ich wende sie auf unzählige Situationen an. Ich wiederhole sie laut, aber mein Unterbewusstsein weigert sich, sie zu verarbeiten.

Das Erwachen ereignet sich durch Verzicht, und man kann es nicht suchen – wenn man es findet, hört es auf zu sein.

Was mir das Radfahren gibt?

Die Möglichkeit, die tief verwurzelte Überzeugung abzulegen, dass ich vom Ganzen getrennt bin.

Was zu trennen scheint, ist in Wahrheit das, was verbindet. Der Geist zieht die Grenzen, er erzeugt Lücken zwischen Molekülen. Es gibt nicht eine Person auf der einen Seite, ein Fahrrad auf der anderen und die Straße auf der dritten und Verkehr aus allen Richtungen. Es gibt Moleküle, die gemeinsam mit anderen Tai-Chi-Bewegungen machen, die wiederum gemeinsam mit anderen Tai-Chi-Bewegungen machen und so weiter, bis in die Unendlichkeit.

»Wenn wir uns selbst vergessen, sind wir das Universum«, sagte der Meister Hakuin. Das war keiner seiner berühmten *ko-*

ans. Er sagte das nur, um seinen Schülern das Verständnis näherzubringen, dass es nicht darum geht, etwas zu werden, das sie noch nicht sind, sondern darum, zu erkennen, was überflüssig ist und sie davon abhält, zu erlangen, was es gibt (oder was ist). In jedem von uns schlummern Fähigkeiten, wie eine Schlange, die sich in sich selbst zusammengerollt hat, bereit, sich wieder zu entrollen und uns unsere wahre Natur zu zeigen.

Zwanglos Rad zu fahren bedeutet, dem Ich die Kontrolle zu entziehen und sich vom Fluss des *chi*, des *hara*, der eigenen Atmung antreiben zu lassen, von der Achtsamkeit, die eintritt, wenn wir DER Energie erlauben, durch unseren Körper, das Fahrrad und den Weg, auf dem wir uns befinden, zu strömen. Das, was wir in jedem Augenblick erleben, ist nichts Besonderes, und es gibt auch nichts weiter daran zu verstehen. Es ist einfach nur Radfahren.

Ein Mann von vielleicht sechzig Jahren, gut in Form, sitzt auf einer Bank am See. Seine Arme hat er hinten auf der Rückenlehne ausgestreckt, die Beine hat er auf die Querstange eines BMX-Rads hochgelegt, von dem schon die Farbe abblättert. Er sagt: »Warum über die Verluste sprechen, die ich im vergangenen Jahr erlitten habe?« Und als er mich ansieht, empfinde ich Erleichterung.

Wir bleiben nebeneinander sitzen, den Blick auf die spiegelnde Wasseroberfläche gerichtet.

Melancholie und Fahrrad sind nicht miteinander vereinbar, mein Freund …

»Wenn du niedergeschlagen bist, wenn dir die Tage immer dunkler vorkommen, wenn dir die Arbeit nur noch monoton erscheint, wenn es dir fast sinnlos vorkommt, überhaupt noch zu hoffen, dann setze dich einfach aufs Fahrrad, um die Straße hinunter zu jagen, ohne Gedanken an irgendetwas außer deinem wilden Ritt.«

[Arthur Conan Doyle]

TEIL III

Erfahrungswerte

Die Pflege, die Bedeutung

DIE RICHTIGE FAHRWEISE

Die Funktion entscheidet über die Praxis.

Geschwindigkeit wird mit Erfolg assoziiert, Tadellosigkeit mit Weisheit. Was man tut, ist, wie man es tut.

Die Verkehrsregeln existieren zum Schutz des Fahrers. Die Freiheit, die uns das Fahrrad schenkt, ist Teil eines größeren Musters, das uns mit denen verbindet, die zu Fuß oder in motorisierten Fahrzeugen unterwegs sind.

Wer nicht interagiert, bringt alle in Gefahr, am meisten sich selbst.

> »Während wir uns mitten auf einem Weg befinden,
> bereiten wir indirekt schon einen anderen vor.«
>
> [Ryúnan Bustamante]

Transformationen können nur stattfinden, wenn wir uns schrittweise von tief verankerten Muskelgewohnheiten befreien und sie durch andere, bessere für die Aufgabe geeignete ersetzen. Der Körper funktioniert immer als ein integriertes Ganzes, nicht als Reihe von Einzelteilen, die nicht miteinander in Verbindung stehen.

Wenn wir damit beginnen, uns einen Aspekt unserer Fahrweise bewusst zu machen, stellen sich auch die übrigen Aspekte nach und nach darauf ein. Konzentrieren wir uns beispielsweise auf unsere Atmung, stellen wir schnell fest, wie sich unsere Aufmerksamkeit auf den gesamten Körper ausdehnt, uns vor erzwungenen Bewegungen warnt und Schwierigkeiten erkennt, die wir sonst ignorieren würden.

Wenn wir uns darauf konzentrieren, wie wir die Pedale bedienen, und nach und nach lernen, überflüssige Muskelarbeit zu erkennen und zu eliminieren, nehmen wir dabei auch die Anstrengungen anderer Muskelsysteme wahr, die auf Kosten unseres Körpers erzeugt werden und nichts zum Vorwärtskommen des Fahrrads beitragen.

Es gibt keine perfekte Fahrweise, aber es besteht die Möglichkeit, unser individuelles Verhalten und die daraus resultierenden Handlungen besser in unsere natürliche Fahrweise zu integrieren, sodass diese geringeren Störungen unterliegt.

Von dem Moment an, in dem wir das Pedal nach unten drücken und losfahren, treten wir in einen Zustand vollständigen Bewusstseins ein, in dem wir gleichzeitig aber auch das

Gefühl haben, völlig in der Handlung selbst aufzugehen. Körper und Geist sind dann nicht mehr zwei Einheiten, die auf getrennten Wegen fungieren. Wären sie es, könnte man sagen, sie seien einander bewusst. In Wahrheit sind sie jedoch ein Ganzes, das so viel enger verknüpft ist, als der Kopf wahrnehmen oder der Körper spüren könnte. Es gibt kein Wort, das diese Art der Verbundenheit beschreiben könnte.

Fahrradfahren im Sinn von Zen besteht darin, nicht darüber nachzudenken, was wir tun werden, wenn wir unser Ziel erreichen. Und auch nicht darüber, wie glücklich wir darüber sind, nicht in einem Bus eingequetscht zu sein wie in einer Sardinendose. Nun, wo wir losgefahren sind, ist das Nachdenken, das Sich-Sorgen um andere Dinge – Dinge, die man erledigen sollte, hätte tun können, jetzt tun könnte –, gleichbedeutend mit einer Flucht aus dem Augenblick. Es ist Energieverschwendung.

Wenn wir losfahren und sich der Kopf auf den Dialog zwischen Beinen und Pedalen konzentriert, verstummen unsere Gedanken rasch, der Geist entspannt sich und das Radfahren wird zu mehr als der Summe der einzelnen Teile.

Richtig in die PEDALE treten

Auf den ersten Blick mag es so wirken, als würden alle urbanen Radfahrer auf dieselbe Weise fahren. Sieht man aber genauer hin, ohne dem Fahrradmodell oder der Haltung des Fahrers weitere Beachtung zu schenken, erkennt man, dass es bemerkenswerte Unterschiede in der Art und Weise gibt, wie Radfahrer ihre Beine und Füße bewegen. Bei einigen wirkt es so, als würden sie mit dem ganzen Körper in die Pedale treten: Der Torso rutscht hoch in Richtung Schultern, der Kopf nickt wie beim Musikhören. Sie fahren mit unnötiger Anspannung und übertreiben die Bewegungen, als hinge ihr Leben davon ab, wie gut sie ihre Beinmuskeln trainieren. Andere lehnen sich zurück, als würden sie in einem Rennwagen sitzen.

Im Gegensatz dazu gibt es aber auch Radfahrer, die sich so geschmeidig bewegen, dass es sie keinerlei Anstrengung zu kosten scheint, das Rad mit ihren Beinen zu betreiben – sie sehen aus, als würden sie fahren, ohne zu fahren. Ihre Bewegungen entspringen der Hüfte und vermitteln ein Gefühl natürlicher Harmonie: Die Beinmuskulatur liefert exakt die Menge an Energie, die nötig ist, um die Geschwindigkeit aufrechtzuhalten. Ein Radfahrer, der auf diese Weise fährt, hat einen entspannten Bauch und sitzt fest auf dem Sattel, während sein Rumpf entspannt bleibt und die Schultern locker sind. Er sitzt einfach da, beugt sich nicht vor, drückt die Brust nicht heraus, sondern hält sich aufrecht, was nicht bedeuten soll, dass er sich nach oben streckt, sondern dass er sich um eine Achse herum zentriert. Es ist eine Zentriertheit, die aus dem Ausbalancieren des eigenen Gewichts entsteht. Er fährt ohne Hast, als hätte er unendlich viel Zeit, seine Strecke zu bewältigen, und keinerlei Zweifel, ob er rechtzeitig ankommen wird. Er konzentriert sich nicht auf einen fixen Punkt, sondern nimmt viele Dinge gleichzeitig wahr. Er tritt in einem bestimmten Rhythmus in die Pedale, ohne abrupte Bewegungen, als würde jede Bewegung der vorigen entspringen. Er fährt, als bräuchte er selbst überhaupt nicht einzugreifen.

»Sie lassen sich fahren«, würden all jene sagen, die *Zen in der Kunst des Bogenschießens* gelesen haben, wo es heißt, der Pfeil würde sich vom Schießenden »selbst abfeuern«. Die Handlung entspringt der Vitalkraft, die aus dem Bauch fließt, nicht der Person, die den Bogen spannt oder in die Pedale tritt (oder ihrem Ich). Die Handlung entspringt einer übernatürlichen Kraft, die sich manifestiert, wenn das Ich verschwindet. Auch Radfahrer, die keine Ahnung von der Existenz des *hara* haben, schöpfen die Bewegungen, mit denen sie die Pedale bedienen, aus diesem Zentrum.

Wenn man seinen Torso auf den Sattel »entlädt«, werden die Beine von dessen Gewicht befreit. Sie heben, senken sich, rotieren rhythmisch. Es ist weniger so, dass sie Druck auf die Pedale ausüben, als dass sie den perfekten Kreis »begleiten«, den die Pedale durch die Luft beschreiben. Und es ist weniger so, dass sich die Pedale dem Druck widersetzen, der ausgeübt werden muss, um die Räder zu bewegen, als dass sie sich den Füßen hingeben.

Diese Form, die Antriebskraft auf den ganzen Kreis zu verteilen, ähnelt ein wenig der Technik, die manche Radrennfahrer einsetzen: Zwischen dem Augenblick, in dem sie das Pedal heruntertreten, und dem, in dem das Pedal den Fuß hebt, besteht bei ihnen kaum ein Unterschied. Während der gesamten Umdrehung wird derselbe Druck auf das Pedal ausgeübt. Auch wenn man darauf achtet, weiß man nie genau, ob sie gerade ihre gesamte Kraft aufwenden, locker fahren oder Kraft sparen wollen. Ihren Gesichtern sieht man nicht die leiseste Anstrengung an.

Diese Form des »rund« genannten Tretens nützt das Aufsteigen des Fußes aus und gewinnt dadurch schätzungsweise zwanzig Prozent zusätzliche Antriebskraft, ist für Radfahrer in der Stadt aber keine sinnvolle Technik, da es inmitten des Verkehrs nicht ratsam ist, Zehenklammern, Riemen, Clips oder ähnliches zu tragen, was den Fuß am Pedal fixiert. Doch es gibt zwei, drei Aspekte, die auch sie sich vom runden Treten abgucken können. Der Wichtigste ist, dass die Kraft nicht nur aus der Beinmuskulatur entspringt, sondern davon abhängt, wie und in welchem Ausmaß wir unser Zwerchfell öffnen: Wenn es sich ausdehnt, erreicht die Atmung auch den Unterleib. Wie wir bereits gesehen haben, sind ein angespannter Bauch und Unterleib für den Fluss der Vitalkraft nicht förderlich.

Radfahren steht zusammen mit Joggen und Schwimmen ganz oben auf der Liste der empfohlenen Fitnessformen. Auf langen Fahrten sollte unsere Strategie darin bestehen, eine »Trittfrequenz« aufzubauen. Im Radfahrerjargon ist diese Trittfrequenz die Anzahl der Male, die sich das Pedal pro Minute dreht. Bei Anfängern herrscht die Tendenz vor, eine niedrige Frequenz zu wählen. Aber so paradox es auch erscheinen mag: Es kann zu Knieverletzungen führen, wenn man beim Treten sehr wenig Mühe aufbringt. Ein verbreitetes Sprichwort unter Großstreckenfahrern lautet, dass die Beine im selben Tempo ermüden wie die Lunge. Werden die Beine vor der Lunge müde, ist das ein Hinweis, dass die Frequenz zu gering ist. Sind wir außer Atem, die Beine aber noch fit, ist die Frequenz dagegen zu hoch.

Die empfehlenswerte Trittfrequenz fällt zwar von Radfahrer zu Radfahrer unterschiedlich aus, der Durchschnitt liegt aber zwischen 60 und 70 Komplettumdrehungen des Pedals pro Minute (weniger bei Anstiegen, mehr schon bei minimalen

Gefallen). Es gibt Uhren, die die Frequenz für uns messen, sodass wir während des Fahrens nicht mitzählen müssen.

In die Pedale zu treten und uns dabei auf das Hier und Jetzt unserer kreisförmigen Beinbewegungen zu konzentrieren, bedeutet nicht, dass wir unsere Aufmerksamkeit auf das Treten fixieren. Stattdessen können wir dadurch vermeiden, dass unsere Gedanken um Fragen der Nützlichkeit kreisen, beispielsweise: *Wenn ich so in die Pedale trete, bin ich schneller da und weniger erschöpft* – und dergleichen mehr. Es bedeutet, dass wir uns bewusst sind über das, was wir tun, damit wir es so gut wie möglich tun können.

Sehen UND Vorhersehen

Wenn wir auf unser Fahrrad steigen und losfahren, neigen wir automatisch dazu, den Blick auf den Boden in Nähe des Vorderreifens, das Lenkrad und das Straßenstückchen direkt vor uns zu richten. Mit diesem Blick erfassen wir gleichzeitig auch, was über und neben uns geschieht.

Sitzt der Fahrradfahrer erst einmal, wird sein Kopf eins mit Hals und Rumpf und bewegt sich kaum noch. Wir nehmen wahr, was um uns herum geschieht, indem wir die Augen bewegen und peripheres Sehen einsetzen. Dabei blickt man einen Punkt an und nimmt den Rest aus dem Augenwinkel wahr. Diese Art des »Weitwinkelsehens« um das zentrale Sichtfeld versorgt uns mit Kontext. Ohne irgendetwas im Speziellen anzusehen, sehen wir alles im Allgemeinen. Jede Veränderung, jede Bewegung, jedes Signal, das im Sichtfeld auftaucht, wird registriert und in Bezug auf unser Vorankommen (Richtung, Geschwindigkeit und so fort) dekodiert. Vor langer Zeit sagte Aristoteles einmal, unter allen Sinnen sei die Sehkraft derjenige, der es uns am meisten ermöglicht, Wissen zu erlangen und »Unterschiede« auszumachen.

Gleichzeitig sehen und handeln die Augen als Zensoren, die all diese kleinen Unterschiede aufnehmen und Schlüsse daraus ziehen. Je mehr wir über ihre Bedeutung wissen, desto mehr kann unser Unterbewusstes aus ihnen herauslesen. Gesten, Lichter und die Bewegungen anderer Fahrzeuge geben uns Hinweise darauf, was andere Straßenbenutzer tun werden. Steht jemand wartend am Straßenrand, will er vermutlich die Straße überqueren. Fährt ein Auto sehr langsam, sucht der Fahrer vielleicht nach einem Parkplatz. Es kann also sein, dass er plötzlich anhält und erst danach daran denkt, den Blinker zu setzen. Steht ein Auto da, die Vorderreifen sind aber zu einer Seite gedreht, will es vermutlich die Spur wechseln oder überholen. Schneidet uns ein Bus den Weg ab, wird er möglicherweise gleich an einer Bushaltestelle stehen bleiben, was bedeutet, dass wir bremsen oder den haltenden Bus links überholen müssen.

Wir Fahrradfahrer irritieren Autofahrer vor allem deswegen so, weil unsere Handlungen so schwer vorauszusehen sind. Fairerweise muss man zugestehen, dass Autos oft geradeaus fahren, die Spur halten, sich selten durch den Verkehr fädeln und ihre Blinker benutzen … Ein Fahrrad ermöglicht dem Fahrer dagegen solche Freiheiten, dass man schnell glauben kann, man sei der einzige Mensch auf der Straße und könne tun und lassen, was man will: mitten durch den

Korridor fahren, den eine Reihe parkender Autos bildet, an den Fahrzeugen vorbei, die an einer roten Ampel warten, entgegen einer Einbahnstraße, mit voller Geschwindigkeit den Fußweg entlang ...

Die Perspektive, die wir auf dem Fahrrad haben, unterscheidet sich stark von der, die ein Auto oder Bus ermöglichen. Dort gibt es Fenster, vor denen sich sozusagen Szenen einer Straßenparade abspielen, Rahmen für Rahmen. Ein Fahrrad dagegen hat kein Dach, keine Wände, keine Fenster, die den Fahrer vom Wetter trennen. Es gewährt Rundumsicht in alle Richtungen, auch auf den Boden und den Himmel, und man hat das Gefühl, ein Teil dessen zu sein, was man sieht. Das ist ein wunderbares Gefühl.

Fahren wir entspannt dahin, kann dieses periphere oder »ozeanische« Sehen aber eine Mischung aus Hypnose und innerem Abschalten erzeugen, das gefährlich ist. Es verringert die Aufmerksamkeit uns selbst und unserer Umgebung gegenüber, also dem Zustand, in dem man sich zwar nicht aller Dinge gewahr ist, aber jedes Signal wahrnimmt. Wie im *zazen* und beim Meditieren verläuft einer der Auswege aus Konzentrationsverlust und Schläfrigkeit über die Atmung.

ATMUNG

> »Die in der Luft enthaltene Lebensenergie
> des Universums wird in menschliche
> Vitalkraft umgewandelt.«
>
> [Taisen Deshimaru]

Wir können die Luft, die wir atmen, nicht sehen, aber wir können mit ihr arbeiten, bis wir beim Ein- und Ausatmen einen Rhythmus gefunden haben. Unser Bewusstsein lässt uns die Muskelarbeit wahrnehmen.

Während unser Körper automatisch ein- und ausatmet, machen wir uns meist gar nicht bewusst, dass und wie wir atmen. Wir treten in die Pedale, ermüden, die Atemzüge werden kürzer, wir keuchen … Wir atmen tief ein und stoßen die Luft wieder aus, ohne weiter darauf zu achten. In manchen Straßen nehmen wir den Duft der Bäume wahr. Hier inhalieren wir etwas tiefer, halten die Luft an, spüren sie. Vielleicht ist uns bewusst, wie wir ausatmen, aber schon beim nächsten oder übernächsten Atemzug haben wir die Verbindung zu unserer Atmung bereits wieder verloren.

Wenn ich mir meines Atemrhythmus und der gelösten Spannung in meinem Zwerchfell bewusst werde, kann ich tiefer in meinen Unterleib hineinatmen, und der Druck des Brustkorbs überträgt sich in Wellenform auf die Muskeln im und unterhalb des Unterleibs. Um von dort unten Luft einzusaugen und wieder ausatmen zu können, muss ich Kraft aus dem Energiemeer des *hara* ziehen. In allen Kampfkünsten wird die Energie dieser Art von Atmung genutzt, die von Taille,

Nieren und Hüften ausgeht. Der Schüssel für den Radfahrer besteht darin, sich nach und nach mit dem Weg vertraut zu machen, den diese Energiewellen nehmen, und den Fluss nicht durch eine schlechte Haltung zu blockieren oder ihn über seine Möglichkeiten zu beanspruchen.

UMSICHTIGES FAHREN

Der Respekt der Autofahrer gegenüber Radfahrern hängt nicht nur davon ab, dass sie uns sehen, sondern auch davon, wie sie uns sehen.

Einen Helm zu tragen ist umsichtig, aber er ist nur eine passive Sicherheitsmaßnahme für den Fall, dass uns etwas passiert.

Die aktive Sicherheitsmaßnahme besteht darin, einen Zusammenstoß und/oder Sturz von vornherein zu vermeiden – weil das Undenkbare stets passieren kann. Auch das Mögliche in Betracht zu ziehen und Reaktionen vorauszusehen. Wenn du die Welt nicht ändern kannst, dann ändere deinen Blickwinkel.

Der INNERE Kodex

Wenn man es vermeiden kann, ist es kein Unfall.

Die öffentlichen Gegner der Radfahrer sind nicht Autos, Busse oder fehlende Gullideckel – es sind sie selbst. Unsere schwankende Aufmerksamkeit, unsere Arroganz, unsere Rücksichtslosigkeit und, seien wir mal ehrlich, unsere Blödheit können sich gegen uns richten. Solche Einstellungen können dieselben oder sogar noch größere Probleme verursachen als die Fahrer motorisierter Verkehrsmittel, Schlaglöcher oder fehlende Verkehrsschilder. Die Verkehrsregeln sind, was unsere Verpflichtungen angeht, recht schwammig formuliert. Und dort, wo sie klar und deutlich sind, werden sie von kaum jemandem eingehalten. Zudem kümmert sich auch niemand darum, für ihre Einhaltung zu sorgen.

Viele Verhaltensformen von Fahrradfahrern im Stadtverkehr sind »a-legal« – weder legal noch illegal, weder erlaubt noch verboten. Darf man beispielsweise die Mittelspur einer mehrspurigen Straße entlangradeln?

Eine Einbahnstraße in die falsche Richtung zu befahren, um sich einen zwei oder drei Straßen langen Umweg zu sparen, kann dazu führen, dass wir Radfahrer eingeklemmt werden, weil nicht genug Platz ist, und auch, wenn wir uns vielleicht gerade eben so an einem entgegenkommenden Fahrzeug vorbeiquetschen können und dabei vom Fahrer beschimpft werden, haben wir immer noch das Gesetz gebrochen. Niemand wird uns dafür ein Knöllchen verpassen – trotzdem ist unser Verhalten einfach nicht richtig. Dieser Mangel an »Rechtschaffenheit« (was für ein Wort im Zusammenhang mit einem Radfahrer!) widerspricht einem Grundprinzip von viel umfassenderer Bedeutung: dass man selbst Respekt zeigen muss, wenn man respektiert werden will. Sich auf dem Fahrrad korrekt durch den Verkehr zu bewegen, hat auch mit *dharma* zu tun, der Suche nach unserer wahren Natur.

Außerdem durchleben wir gerade den historisch und kulturell wichtigen Augenblick, in dem die Benutzung von Fahrrädern dank einer Vielzahl von Faktoren ein exponentielles Wachstum erlebt. Wenn wir Fahrradfahrer nicht lernen, ganz selbstverständlich mit anderen Straßennutzern zu koexistieren, wird unser Verhalten eines Tages reguliert werden. Und Regulierung bedeutet immer auch Freiheitsverlust.

Das Radfahren im Stadtverkehr wird inzwischen offiziell anerkannt. Es ist erwachsen geworden, und das bedeutet, dass es Pflichten hat. Indem wir das akzeptieren und es uns auch zu einem inneren Gesetz machen, das wir einhalten, können wir Fahrgewohnheiten ändern, die zwar auf den ersten Blick niemandem schaden, auf den zweiten aber eine Gefahr für alle darstellen. Sich einzugestehen, dass wir solche Verhaltensmuster an den Tag legen, sie zu ändern und die Entscheidung zu treffen, sie unter Kontrolle zu bringen – sich diese Gewohnheiten also abzugewöhnen –, kostet mehr Zeit, als das Fahrradfahren überhaupt zu erlernen.

Es gibt eine ganze Reihe von Rechtfertigungen, die uns im Angesicht all der Freiheiten, die das Radfahren bietet, immer wieder verlocken, die Verkehrsregeln zu missachten: »Nur dieses eine Mal, da kommt doch sowieso keiner, es schaut keiner zu, da schaffe ich es doch locker durch.« Manchmal denkt man noch nicht einmal darüber nach, sondern tut es einfach. Die

Tatsache, dass es meistens klappt, ohne dass etwas passiert, eliminiert aber nicht die Möglichkeit, dass es eines Tages schieflaufen könnte. Dieser anarchistische Wesenszug in uns sollte kanalisiert werden.

Nicht über Rot fahren, auch wenn niemand aus der Seitenstraße kommt. Nicht entgegen der Fahrtrichtung fahren. Nicht auf Autobahnen oder anderen Straßen fahren, auf denen Fahrräder verboten sind. Nicht auf dem Gehweg fahren. Keine Erwachsenen mitnehmen, nicht mal auf dem Gepäckträger und noch viel weniger auf der Zwischenstange oder dem Lenker. Keine Tüten an den Lenker hängen. Nicht im Zickzack fahren. Keine Wheelies. Nicht gleichzeitig Radfahren und das Smartphone benutzen … All diese und andere kleine Dinge, so bedeutungslos sie auch scheinen mögen, können das Leben komplizierter machen, als wir uns vorstellen können.

Wir unterlassen diese Dinge nicht nur wegen der möglichen Folgen, sondern weil sie die Seele des Radfahrers verletzen – denn wenn wir vom rechten Weg abkommen, können wir uns damit einen Bruch in unserem Inneren zufügen, auch ohne einen Unfall gehabt zu haben. Tun wir diese Dinge doch, verhindern wir damit, dass das Radfahren zu einer Aktivität der Harmonisierung wird, die nicht nur das Innere des Radfahrers, sondern auch die Umwelt betrifft.

Bei Fußgängern, Autofahrern und Fahrgästen, die aus einem Busfenster blicken, kann der Anblick eines Fahrradfahrers etwas in der Seele berühren. Oder ist es etwa nicht so, dass wir beispielsweise beim Anblick von jemandem, der die Hinterlassenschaften seines Hundes mit einer schwarzen Plastiktüte vom Gehweg räumt und in den Müll wirft, über richtiges Verhalten nachdenken?

Fahrradfahren macht die Menschen freundlicher und zwingt sie zu verantwortungsbewusstem Verhalten. Indem wir uns an die Regeln für das Fahren in der Stadt und an unseren gesunden Menschenverstand halten, begeben wir uns (einer nach dem anderen) in Einklang mit der höheren Ordnung und stellen ihr Energiemuster wieder her. In gewisser Weise schützt wir damit auch uns selbst. Ein Autofahrer, der sieht, dass ein Radfahrer sorgsam mit seinem eigenen und dem öffentlichen Raum umgeht, könnte dadurch angeregt werden, sich genauso zu verhalten. Und in jedem Fall wird er den Radfahrer anders wahrnehmen.

»Das Auge hat tausend Augen, wie der Bodhisattva des Mitgefühls. Ein jedes ist eine Hand, die im Dunkeln tastend nach einem Kissen sucht.« – George Leonhard

EIN UNTADELIGER ZUSTAND

Jedes Geräusch, jedes lose Teil, jeder Verschleiß oder Bruch, jedes Löchlein im Reifen … sie alle sind zurückzuführen auf etwas, das nicht so funktioniert, wie es sollte. Der Radfahrer entwickelt eine Sensibilität für solche Warnzeichen. Man muss nicht zwingend ein Fachmann sein, um Präventivlogik anzuwenden.

Die Bauteile im Blick zu behalten – sie Stück für Stück zu untersuchen und sich von ihnen zeigen zu lassen, wie sie funktionieren, ermöglicht ein Verständnis dafür, was mit ihnen nicht in Ordnung sein könnte.

»Was ist Zen?«, fragt ein junger Mann.
»Hast du schon deinen Tee getrunken?«,
antwortet der Meister.
»Ja.«
»Und hast du auch die Tasse schon abgewaschen?«
»Ja.«
»Nun, das ist Zen.«

[Anekdote, erzählt von Thomas Merton]

Im Zen gibt es ein Wort, das für die Präsenz von Körper, Geist und Einstellung in der unmittelbaren Gegenwart steht. Dafür, wo wir sind, wenn wir etwas tun, wo wir in Gedanken sind, was der Körper tut. Es bedeutet, seine Aufmerksamkeit der Handlung zu widmen – den Verstand davon abzuhalten, zu etwas anderem abzuschweifen, nämlich ganz in der Gegenwart zu sein, und den Körper davon abzuhalten, etwas anderes zu tun als genau das, was gerade erforderlich ist.

Wenn ich ein Stück Holz zersäge, sollte ich mein inneres Auge am besten auf den Schnitt richten, den ich machen will. Wenn ich das Holz nachher poliere, sollte ich in Gedanken beim Polieren sein. Beim Vorbereiten meines Holzstücks sollte ich darauf abzielen, meinen inneren Blick vom Endergebnis zu lösen, von dem, was ich mit meiner Arbeit erreichen will, und mich stattdessen so stark wie möglich auf die einzelnen Etappen des Prozesses konzentrieren.

Seine Handlungen beobachten, sich eher auf das Tun als auf das Ziel zu konzentrieren – das ist die Bedeutung von *samu*. Wenn etwas erreicht ist, dann ist es nichts mehr, sagen die Zen-Meister, dann *war* es.

Das VORHER und das NACHHER

Vor einiger Zeit besuchte ich ein spirituelles Meditationzentrum. Dort wurden neue Schlafsäle gebaut, und man teilte mich den Holzarbeiten zu, genauer gesagt der Anfertigung der Fenster. Jeden Tag mussten wir fünfzehn Minuten lang mit den Werkzeugen meditieren, bis wir mit der Arbeit beginnen durften. Eine halbe Stunde vor Feierabend hörten wir auf zu arbeiten und reinigten in der verbleibenden Zeit Stück für Stück die Werkzeuge, während wir schweigend über unsere Erfahrungen reflektierten.

Unsere Aufgabe lautete, jede noch so kleine Spur von Staub zu entfernen und alle Metalloberflächen mit einem ölgetränkten Lappen abzureiben. Die Hobel zu schärfen. Die Bohraufsätze in das Futteral zurückzulegen, sorgfältig geordnet vom größten zum kleinsten. Auf dieselbe Weise Schrauben und Muttern und Stifte zu sortieren. Die Sägezähne zu reinigen. Und schließlich jedes Werkzeug genau dorthin zurückzulegen, wo wir es hergenommen hatten.

Am Ende staubten wir die Arbeitsflächen ab und fegten den Boden. Wenn unsere Gruppe oder sonst jemand das nächste Mal den Raum betrat, würde er ihn vorfinden, als sei niemals jemand dort gewesen. War die Werkstatt sauber, gingen wir umher und bedankten uns bei den Werkzeugen dafür, dass sie uns das Arbeiten ermöglicht hatten.

Ein Außenstehender hätte das vielleicht für ein wenig übertrieben gehalten. Aber wir, die wir dort waren, wissen – so wie alle, die jemals Zeit in einer Zen-Gemeinschaft verbracht haben –, dass diese Form der liebevollen Zuwendung gegenüber den Werkzeugen, fast so, als seien sie menschlich, denselben Wert hat wie jede andere spirituelle Praktik, die in einem solchen Zentrum ausgeübt wird. Es gibt nicht »uns« auf der einen und die Werkzeuge auf der anderen Seite. Das Ritual soll uns daran erinnern, dass wir alle Instrumente einer einzigen, vereinenden Energie sind.

Die Rückkehr zu den Werkzeugen am Abend oder am nächsten Tag – das Gefühl, das sie in unseren Händen hervorriefen – sagte alles. Wieder mit den Werkzeugen vereint zu sein, erzeugte in uns das Gefühl, mit ihnen im Einklang zu stehen, und genau das war das Ziel des Zentrums. Dieselbe Erfahrung machten die Leute, die in der Küche, im Garten, an den Webstühlen, als Maurer oder sogar in der Verwaltung arbeiteten: Sie alle nahmen sich Zeit, um mit der Arbeit zu beginnen und sie zu beenden. Wenn ein Novize wie ich das bei seiner Ankunft nicht gleich verstand, dann begriff er es spätestens am nächsten Tag.

Es PFLEGEN heißt, dich SELBST PFLEGEN

Die Schauspielerin Michelle Pfeiffer hat mehrfach gestanden, dass sie sich entspannt, indem sie ihr Fahrrad komplett auseinandernimmt und wieder zusammenbaut. Hemingway sagte etwas übers Schreiben, das sich auch auf Radfahrer und Fahrräder anwenden lässt: »Man selbst ist es, der wirklich weiß, was nicht funktioniert.«

Die Fahrradpflege ist auch eine Metapher dafür, wie wir mit uns selbst umgehen. Nach einem Ausflug stürzen wir oft als Erstes zum Kühlschrank und lassen das Fahrrad vergessen gegen die Wand gelehnt dastehen, in dem Zustand, in dem wir damit angekommen sind. Am nächsten Tag holen wir es, schieben es zurück durch die Tür und fahren wieder damit los.

Ich will ja nicht sagen, dass man dem Fahrrad nach jeder Fahrt für die Dienste danken muss, die es einem geleistet hat (aber warum eigentlich nicht?), oder es täglich warten muss. Aber sich seines »Lebens« und der Auswirkungen bewusst zu werden, die die Nutzung des Fahrrads auf seine Teile hat, kann uns Hinweise darauf geben, warum etwas so und so funktioniert und nicht anders. Es entsteht eine Verbindung, die über das reine Nutzer-Maschine-Verhältnis hinausgeht. Indem man das Fahrrad pflegt, pflegt man auch sich selbst. Ich pflege »uns«, das Rad und mich, und fahre entsprechend auch im Einklang mit ihm.

Man kann daher sagen, dass die Reinigung meines Rads auch eine Reinigung meines Geistes ist. Wenn ich alles an meinem Fahrrad in Einklang bringe und pflege, bringe ich damit auch mich selbst in Einklang. Ihm Zeit zu widmen, auch wenn ich gerade nicht fahre, ist eine Form, Zeit mit mir selbst zu verbringen und mich kennenzulernen. Es schenkt mir Seelenfrieden, weil das, was außen passiert, auch in meinem Inneren passiert.

Wenn er fährt, spürt der Radfahrer die Reibung des Reifens auf der Straßenoberfläche, hört das Klicken der Kettenglieder, wenn sie von einem Zahnrad zum nächsten übertragen werden, und das Funktionieren vieler anderer Komponenten. Er sieht nicht, er fühlt oder hört. Seine Verbindung mit seinem Fahrzeug und die Wahrnehmung von dessen Funktionieren ermöglicht es ihm, intuitiv Fehlfunktionen zu erkennen, manchmal sogar, ehe sie überhaupt auftreten. Wenn das Rad nicht absolut ausbalanciert und zwischen den Bremsblöcken zentriert ist, wenn der Druck in einem der Schläuche abgefallen ist, wenn die Kette eine Unregelmäßigkeit aufweist oder hakt, wenn sich der Lenker gelockert hat – in all diesen Fällen wird der Körper »gewarnt«, dass ein Problem besteht.

Auf dieselbe natürliche Weise, wie der Radfahrer sein Gleichgewicht hält oder sich zwischen anderen Fahrzeugen hindurchbewegt, ist in seinem Inneren ein Automatismus zugange, der mit der Pflege der Maschine zusammenhängt. Jeder Radfahrer kennt die Stärken und Schwächen seines Fahrrads, seine strukturellen Fehler und Marotten. Je mehr wir unser Fahrrad benutzen, desto empfänglicher werden wir für seine Symptome.

Ein perfekt eingestelltes Fahrrad bemerken wir gar nicht. Es lässt sich antreiben, es schnurrt nur so dahin, ohne dass sich die Teile beschweren würden, und es nimmt unsere Bewegungen auf, als wäre es eine Verlängerung unserer Anatomie. Es bietet so gut wie keinen Widerstand: Alle seine Teile interpretieren umgehend unsere Signale, weiß, ob wir geradeaus fahren, bremsen, den Gang wechseln wollen.

Es ist unumgänglich, regelmäßige Anpassungen vorzunehmen, um dem langsamen Verfall entgegenzuarbeiten, der durch mangelndes Schmieren oder das Spiel eines locker gewordenen Bauteils entsteht. Jedes Mal, wenn wir nach Hause kommen, sollten wir deswegen zumindest einen kurzen Check vornehmen. Natürlich haben wir nicht immer die Möglichkeit, uns hinzuknien und etwas zu reparieren oder zu richten, das sich gelockert hat oder verschlissen ist, aber zumindest können wir uns diese Problemzonen bewusst machen, sodass sie uns nicht überraschen, wenn wir das nächste Mal losfahren wollen. Das Ritual der Überprüfung erschafft einen Meditationsraum zwischen der letzten und der nächsten Fahrt auf dem Rad. Ist das Rad ein Teil von uns, verleiht dieser Moment der Nutzung des Rads eine neue Bedeutung.

Wenn man voller Zuneigung an das Rad herangeht und die Angst vor der Mechanik verliert, begreift man, dass alles seine Logik hat und man viele Teile unbesorgt selbst auseinandernehmen kann. Hat man erst einmal irgendetwas erfolgreich repariert oder verbessert, bekommt man meist Lust, gleich weiterzumachen. Am Anfang richten wir meist die Bremsblöcke aus, ölen die Kette, ziehen locker gewordene Schrauben und Muttern nach oder überprüfen die Ausrichtung des Lenkers. Nach und nach verstehen wir dadurch die Logik des Aufbaus und der Funktionsweise unseres Rads und gewinnen mehr Selbstvertrauen, sodass wir irgendwann auch an anderen Teilen herumschrauben.

Alle ein, zwei Jahre ist eine Grundüberholung fällig, die man besser einem Spezialisten überlassen sollte. Viele kleine Aufgaben, die wöchentlich oder monatlich anfallen, erfordern hingegen nur ein Minimum an speziellem Wissen und ein klein wenig Geduld (von der man nie genug haben kann) sowie zwei, drei Werkzeuge.

KAUSALE Logik

Ein Handwerker folgt nicht ununterbrochen einer bestimmten Form von Anleitung, sondern trifft während des Arbeitens Entscheidungen. Die Beschaffenheit des Materials in seinen Händen bestimmt seine Gedanken und Bewegungen, wie es Robert Pirsig in *Zen und die Kunst, ein Motorrad zu warten* beschreibt. Einige Zeilen weiter unten erklärt er, dass der Verstand am Ende der Arbeit eine bestimmte Form von Ruhe findet, wenn die Arbeit mechanischer Natur war.

Man erlangt Seelenfrieden, wenn man es schafft, das Problem zu lösen, das einen umtreibt. Das bedeutet: beim Reparieren eine Haltung einzunehmen, die Distanz ermöglicht, sodass wir objektiv an anstehende Fragen und Probleme herangehen können.

Geschmeidiger fahren zu können, weil alle Teile des Fahrrads gut funktionieren, ist für einen spekulativen Geist, der daran gewöhnt ist, sich Ziele zu setzen, eine nachvollziehbare Vorstellung. Laut Zen werden wir aller Wahrscheinlichkeit nach unsere persönlichen Probleme an das Fahrrad weitergeben, wenn wir beim Fahren oder bei der Wartung nicht mit uns selbst im Reinen sind.

Mit anderen Worten: Ganz gleich, wie perfekt das Fahrrad ist – wenn wir etwas finden, das uns stört, sei es an dem Rad oder an unserer eigenen Realität, wird es nicht reibungslos funktionieren, bis wir wieder zu einem gelassenen Gemütszustand zurückgefunden haben.

Der Verstand eines Zen-Praktizierenden ähnelt dem eines wahren Spezialisten oder Handwerkers oder anderen, die sich voll und ganz auf das einlassen, was sie tun, ohne dabei genauen Anweisungen zu folgen: Man lässt sich von jedem einzelnen Schritt diktieren, was als Nächstes zu tun ist. So wird verhindert, dass technisches Know-How die Intuition blockiert.

Die Zen-Logik bricht die kausale Logik, auf der die Technik des Schlussfolgerns beruht. Schlussfolgern bedeutet, mithilfe des Verstandes eine Sache aus einer anderen zu schließen. Fahrradfahren ist ein konkreter Beleg dafür, dass dieses System funktioniert: Beim Radfahren folgen wir keinen festgeschriebenen Regeln, sondern fällen, absorbiert von dem, was wir tun, in jedem Augenblick eine unendliche Anzahl kausallogischer Entscheidungen, wenn auch vielleicht nicht bewusst.

Die halbe Stunde, die wir in der Meditationsgemeinschaft dafür nutzten, die Werkzeuge nach dem Gebrauch wieder in ihren Originalzustand zu versetzen, war in Wahrheit eine äußerliche Form des Loslassens unserer ausgeübten Tätigkeit, eine praktische Meditation, während der der Geist zur Ruhe kommen konnte. Die Minuten vor und nach dem Radfahren scheinen genauso viel Sinn zu haben wie das Fahren selbst. Sie sind Teil eines harmonischen Ganzen. Alle Teile sauber, gut organisiert und bereit für den nächsten Einsatz zu hinterlassen, erzeugt eine vielsagende Beziehung zu unserem inneren Selbst. Auch man selbst ist diese Gesamtheit an Teilen.

»Der, der putzt, ist nicht hier. Der, der hier ist, putzt nicht. Hinterlasse deshalb bitte alles so ordentlich, wie du es vorgefunden hast.« – Schild in einer Lehrwerkstatt

EPILOG 1

Meine SIEBEN Fahrräder

Immer, wenn ich in eine neue Stadt ziehe, besorge ich mir als Erstes ein Fahrrad.

Erst dann fühle ich mich zu Hause.

»In deiner ersten Fahrradfahrt sind all die Fahrten enthalten, die du im Laufe deines Lebens noch unternehmen wirst. Zum ersten Mal auf ein Rad zu steigen, war ein Initiationsritual, das dich verpflichtete, deine vertraute Umgebung zu verlassen und unbekannte Wege zu gehen.«

[Manuel Vincent]

Als ich drei Jahre alt war, schenkten mir meine Eltern mein erstes Fahrrad: ein 16-Zoll-Broadway »mit kleinen Rädchen«, wie wir damals zu Stützrädern sagten. 1982, ich bin gerade 38 geworden, beginne ich, fast täglich ein 28-Zoll-Raleigh zu nutzen, und entdecke, dass das Fahrrad weit mehr ist als nur ein Transportmittel oder ein Gegenstand, der der Erholung oder Bewegung dient. Ohne es darauf anzulegen, nehme ich jedes Mal, wenn ich mein Fahrrad hervorhole, um in die Stadt zu fahren oder einen Ausflug zu machen (»Distanzen, die den Pedalen keinen Schrecken einjagen«, wie es Eduardo Galeano ausdrückt), Eindrücke wahr, die mir normalerweise nicht auffallen – nicht nur in Bezug auf das, was ich sehe, sondern auch über das Phänomen des Radfahrens selbst.

Die Stadt ist dieselbe und scheint mir gleichzeitig doch auch eine andere zu sein. In mir wird eine Urenergie aktiviert, ein Zustand, der sehr nahe an Glück herankommt. Zwischen dem Broadway und dem Raleigh hatte ich mehrere Fahrräder, insgesamt sieben Stück.

Als die Stützräder von jenem ersten Rad entfernt wurden, wurde das Fahren zu einem Spiel, genauso, als würde ich einem Ball hinterherlaufen oder ihn mit dem Schläger treffen. Ich wollte herausfinden, wie langsam ich meine Beine bewegen konnte, ohne zum Stillstand zu kommen. Ab welcher Geschwindigkeit ich Angst bekommen würde. Welcher der Jungs aus meiner Straße es zuerst bis zur Straßenecke oder einmal um den Block schaffen würde. Wer von uns am längsten freihändig fahren konnte. Wer von uns mit einem Fuß auf dem Sattel stehen und den anderen hochstrecken konnte. Wer zwischen Blechdosen hindurch Zickzack fahren konnte, ohne sie umzuwerfen, auch wenn wir die Dosen in immer engeren Abständen aufstellten.

Wenn ich alleine bin, ist die Herausforderung eine andere: Wie weit traue ich mich zu fahren? (Natürlich immer weiter als bis zu der Grenze, die meine Eltern mir gesetzt haben.) Danach verknüpft sich das Fahrrad mit meinem Heranwachsen: Ich beharre darauf, ein 24-Zoll-Fahrrad zu bekommen, wie die Räder, die mir meine Brüder nicht leihen wollen. Als meine Eltern ihnen ein Erwachsenenfahrrad kaufen, ein italienisches Bianchi-Rennrad, übrigens das einzige in der Gegend, bekomme ich das 24-Zoll. Um abzusteigen, muss ich es im 45-Grad-Winkel neigen, damit ich mit dem Fuß auf den Boden komme. Wenn ich durch die Straßen unseres Heimatörtchens Castelar fahre, komme ich mir mit dem Rad sehr erwachsen vor. Aber nie habe ich das Gefühl, es sei ganz und gar meines.

Meine Mutter fährt zwei Mal die Woche mit ihrem Rad – einem goldenen Phillips – zum Markt auf der anderen Seite der Bahnschienen. Sie kehrt dann mit vollen Körben und von der

Lenkerstange hängenden Taschen zurück. Bis kurz vor ihrem Tod wirkt ihr Gesicht jünger, wenn sie an diese Augenblicke zurückdenkt. Sie hatte erst als Erwachsene das Fahren gelernt, nach unserer Geburt. Als sie zum ersten oder zweiten Mal auf das goldene Rad, ein Geschenk meines Vaters, stieg, fiel sie in einen frischen Misthaufen, den das Pferd hinterlassen hatte, das den Wagen des Bäckers zog. Jedes Mal, wenn sie die Geschichte erzählte, rief sie aus: »Der dampfte noch!«

Der Partner dieses Fahrrads, ein metallic-blaues Rad, das sich mein Vater für die Wochenenden gekauft hatte, überlebte nicht lange. An dem Tag, an dem er es nach Hause mitbrachte, schloss er das Tor nicht richtig ab, und – paff! – jemand klaute das Rad. Mein Vater ärgerte sich so sehr, dass er verkündete, nie wieder eines zu kaufen und auch nie mehr fahren zu wollen. Nach dem Diebstahl fuhr er nie wieder mit uns mit, auch nicht auf dem Rad meines älteren Bruders oder meiner Mutter. Man kann das Leben so oder so sehen.

Als wir in diesem Dorf wohnten, war meinen Brüdern und mir jede Ausrede recht, um auf unsere Fahrräder steigen zu können, und wenn wir nur bis zur nächsten Straßenecke fuhren. Sogar zu unseren Freunden fuhren wir mit dem Rad – es ging darum, es immer zur Hand zu haben. Außerdem wirkten eine Ankunft auf dem Fahrrad wichtiger als eine zu Fuß, selbst wenn das Rad dann den restlichen Nachmittag über vergessen auf dem Boden herumlag.

Als wir ins Stadtzentrum zogen, nahmen wir nur das Bianchi mit. Einige Monate lang stand es im Keller des Gebäudes, hinter einem rustikalen Bücherregal. Bis ich es eines Samstags hervorholte, die Räder aufpumpen ließ und damit die Avenida Costanera erkundete. Alle im Haus sagten, es sei gefährlich für einen Zwölfjährigen, zwischen den Autos herumzufahren ... Aber die Warnungen kamen zu spät, ich hatte das Fahrrad bereits zu meinem erklärt.

Das Bianchi hatte keine Räder mit Pneu und Schlauch darin, sondern nur gelbschwarze Schläuche, die man bis zum Maximum aufpumpen musste. Ein Zigarettenstummel auf der Straße reichte, schon machte man einen Hopser, ganz zu schweigen von Steinen oder einer Überquerung der Straßenbahngleise. Kopfsteingepflasterte Gassen waren schlichtweg nicht zu bewältigen.

Meine neuen Freunde aus der Schule und dem Verein fanden es eigentlich ziemlich provinziell, dass ich mit dem Fahrrad herumfuhr.

Aber welcher Halbwüchsige träumte denn nicht davon, das Mädchen seiner Wahl auf der Lenkerstange herumzukutschieren, das Gesicht zu ihm gewandt, die Arme um seinen Nacken geschlungen? Viele von uns kennen diese Szene aus Filmen, andere betrachten sie als etwas ganz Alltägliches. Für diejenigen unter uns, die das Fahrrad als Teil ihrer selbst betrachten, war sie eine Metapher für das Glück, das eine Beziehung bedeutete.

Mein Bedürfnis, Fahrrad zu fahren, nahm ab, als ich begann, das Auto meines Vaters zu fahren. Bis ich mit fünfundzwanzig meinen ersten Citroen 2CV bekam, besaß ich eines der ersten Motorräder Fabrikat Honda 50 im Land, und meine Brüder hatten eine Siambretta. In der Zwischenzeit verschenkten unsere Eltern ohne unser Wissen oder Einverständnis das Bianchi an den Sohn des Portiers.

Ich vergaß, wie viel Freude mir das Radfahren bereitete, bis es durch eine dieser seltsamen Wenden des Schicksals, die einen ab und an ereilen, wieder zu einem Teil meines Lebens wurde. Ich bin an die dreißig und arbeite in einer Werbeagentur in Paris. Dort fällt mir auf, dass mich die Metro der Möglichkeit beraubt, die Stadt zu sehen, sie wirklich zu erleben. Ich erzähle dem Besitzer der Wohnung, in der ich lebe, davon, worauf er mir ein Fahrrad anbietet, das er nicht mehr braucht. Wenn ich darauf aufpasse (und es die drei Stockwerke hinauf- und hinunterschleppe), könne ich es benutzen, wann immer ich wolle. »Aber nur, damit das klar ist: Es ist immer noch meins.« Es war ein klassisches 28-Zoll von Peugeot und sehr angenehm zu fahren. Ich erwähne die Marke, weil für mich als Südamerikaner die Erkenntnis so bedeutsam war, dass die Firma, die die Autos herstellte, nach denen wir alle so lechzten, auch solche »niederen« Fahrzeuge produzierte. Ich habe keine Ahnung, welche Bedeutung das Fahrrad vor, während und nach dem Zweiten Weltkrieg hatte. Als ich nun auf »unserem« Peugeot die Hügel von Sacré-Cœur und Saint Cloud emporfahre, erlebe ich am eigenen Leib die existenzielle Fahrradleidenschaft, die Henry Miller in seiner Pariser Periode entwickelte.

Während der Ölkrise 1973 demonstrieren die arabischen Länder ihre Macht, indem sie der westlichen Welt den Hahn abdrehen und damit die europäische Konjunktur erschüttern. In Paris fahren Jugendliche, Studenten, aber auch Männer in Anzügen und Frauen mit dem Moped zur Arbeit. Die Mobilette und die Solex waren Teil des Alltags.

Auf den Straßen hängten sie mich ab. Die Kosten waren gering, sie verbrauchten kaum Sprit und konnten überall abgestellt werden. Aus einer Mischung aus Stolz und Loyalität heraus blieb ich aber der aus der Mode gekommenen Maschine treu, die man per Pedalkraft betreiben muss.

In diesem Jahr arbeitete die Agentur an einer Kampagne, um Abonnenten für *Le Sauvage* zu gewinnen, eine monatlich erscheinende Zeitschrift für Ökologie – ein Wort, das damals noch ziemlich geheimnisvoll klang. Herausgebracht wurde es von *Le Nouvel Observateur*, dem Wochenmagazin der gemäßigten Linken. Ich schlage vor, die Silhouette eines Fahrrads als Symbol zu verwenden. Bei dem Meeting, in dem wir dem Kunden unsere Entwürfe präsentieren, heißt es, sie hätten sich etwas anderes vorgestellt. Ihre Argumente: Fahrräder gehören der Vergangenheit an. Sie symbolisieren Mangel. Wir suchen etwas Lebendigeres. Am Ende entscheiden sie sich für einen erhobenen Arm, mit dem jemand, der in einem Meer aus Flaschen und Plastikabfällen zu ertrinken droht, um Hilfe winkt.

Wenige später verschlägt es mich nach London. Von der nächsten U-Bahn-Station aus brauche ich zwanzig Minuten bis zur Arbeit. Meine Wochenkarte kostet einen halben Tageslohn. Als ich noch überlege, ob ich mir ein Fahrrad kaufen soll oder nicht, finde ich ein fast schon schrottreifes in einem Container. Ich trage es auf der Schulter nach Hause, nehme es komplett auseinander, lasse die Teile in Benzin einweichen und bringe den ganzen Haufen dann zum nächsten Fahrradladen. Zwei Wochen später bekomme ich für einen Betrag, den ich heute als Hungerlohn erinnere, ein wunderschönes Fahrrad zurück, fahrbereit und blauweiß lackiert.

»*Very Argie*«, bekomme ich immer zu hören. »Stimmt«, sage ich, »es sieht wirklich sehr argentinisch aus.« Jetzt muss ich noch eine Regenjacke extra für Radfahrer kaufen. Ich bin nicht der einzige Irre hier. Viele Engländer aus meinem damaligen Bekanntenkreis sind ebenfalls stur genug, um durch den Regen zu radeln. Fünf Jahre später, einige Tage, ehe ich in mein Heimatland zurückkehre, verkaufte ich mein Rad an einen peruanischen Jungen, der gerade erst angekommen ist. Ich denke lieber gar nicht erst darüber nach, wie sehr ich es vermissen werde.

Mein fünftes Fahrrad kaufe ich von Pedrinho, einem Fahrradmechaniker in Buzios, einem Fischerort nördlich von Rio de Janeiro, wo ich fast drei Jahre lang lebte. Pedrinho wohnt in einer Hütte in Vila Caranga, inmitten der Überreste von Rädern, die von Touristen zurückgelassen worden sind und die nicht mehr repariert werden können. Alle halten ihn für den Dorfidioten. Ich entscheide mich für ein Rad, das auf jedem Terrain – selbst am Strand – zurechtkommt und dem der Rost nichts anhaben kann. Es ist so schnörkellos, dass ich es überall stehenlassen kann, ohne befürchten zu müssen, dass es gestohlen wird. Das Ding würde sich nicht einmal jemand leihen wollen. In jenen Tagen ist es mein treuster Begleiter.

Meine Mutter, damals 68 Jahre alt, beschließt, ein wenig Zeit mit mir zu verbringen. Unser Weg führt uns sofort zu Pedrinho. Während wir den Hügel hinter seiner Hütte/Werkstatt erklimmen, um einen der schönsten Sonnenuntergänge der Welt zu beobachten, macht er ein Fahrrad mit kleinen Rädern fertig, das viel Ähnlichkeit mit den modernen Klapprädern besitzt. Als wir am nächsten Tag vom Strand zurückkehren, schlage ich vor, dass meine Mutter das Rad ausprobiert und Praia dos Osos kennenlernt. »Traust du dich bis hinaus auf die Landzunge und zurück durch Tartauga?«, frage ich sie. »Ich bin seit einem Vierteljahrhundert nicht mehr Rad gefahren!«, antwortet sie. Aber als ich sie losfahren sehe, kann ich mir gar nicht mehr vorstellen, dass sie jemals etwas anderes getan hat. Plötzlich ist da ein Hang, und ihr Rad nimmt Geschwindigkeit auf. Ich rase hinter ihr her, befürchte aber, sie nicht rechtzeitig erreichen zu können, ehe sie die Kontrolle verliert. Und selbst, wenn ich sie einhole – was soll ich denn tun? Ich rufe: »Bremsen, Mami, breeeeemsen!« Pedrinho muss ein paar zurechtgeschnittene Gummistücke als Bremsblöcke benutzt haben.

Ich mache mir Vorwürfe, weil ich so verantwortungslos war, meine Mutter einer solchen Gefahr auszusetzen. Ich will gar nicht darüber nachdenken, was gleich passieren wird. Ich beobachte, wie sie die Füße auf den Rahmen hochnimmt, bis zum Ende der Neigung weiterfährt und das Rad einfach auslaufen lässt, bis es sich von selbst verlangsamt.

Wir legen ein Päuschen ein und ruhen uns aus. Ich überprüfe ihre Bremsen. Sie sind in bester Ordnung.

»Warum hast du sie nicht benutzt?«, schelte ich meine Mutter. »Was hätte ich denn machen sollen?«, antwortet sie. »Auf die Bremsen treten und mir den Hals brechen?«

Einige Monate später, kurz bevor sie nach Argentinien zurückkehrt, fragt sie: »Wollen wir sie mit nach Hause nehmen?« Bis heute weiß ich nicht, warum ich Nein gesagt habe.

Zurück in Buenos Aires plane ich Ausflüge, als hätte ich noch immer ein Rad. Ich miete ein Büro sechs Straßen von meiner Wohnung entfernt und bewege mich in einem Radius von vielleicht vier-, fünftausend Metern. Es ist das Jahr 1982, und nur sehr wenige Leute fahren Rad.

Chía ist die einzige Mutter, die mit dem Fahrrad vor der Schule auf die Kinder wartet. Sie hat ein großes, breites Modell mit zwei Sitzen: einer, der rückwärts vom Lenker hängt, einer auf dem Gepäckträger. »Sollen wir mal nachsehen, welche Farbe der See heute hat?«, sagt sie immer zu den Kindern, während sie sie in den Sitzen festschnallt. Fast täglich werden Jazmín (5) und Fede (4) mit einer Rundfahrt durch die Wälder von Palermo belohnt.

Noch hat das Mountainbike seinen Siegeszug in unserem Land nicht angetreten. Hergestellt werden Repliken traditioneller europäischer Fahrräder, und auch die immer weniger. Mit Querstange für Herren und ohne für Damen, damit sie das Bein beim Aufsteigen nicht hochschwingen müssen. Aber zufällig importiert der Exmann eines Mädchens, das ich aus einer Meditationsgruppe kenne, eine Ladung Raleigh-Räder – das klassische schwarze Modell mit Ledersattel von Brooks – und will Werbung für sie machen. Ich besuche ihn, wir einigen uns, und auf dem Rückweg fahre ich mit dem Rad. Es ist ein Zeichen.

Ich benutze es, ich betrachte es, wie es an dem Bücherregal in meiner Wohnung oder hinter dem Schreibtisch lehnt, und selbst, wenn ich nur an das Rad denke, habe ich dieses Gefühl: Ich bin mit dem Teil von mir wiedervereint worden, der in zahllosen Augenblicken glücklich war, auch wenn ich gar nicht definieren kann, was Glück eigentlich ist.

Ich sehe sie an mir vorbeifahren und sage mir: Mountainbikes sind nichts für mich. Bis ich eines Sonntags im Jahr 1990 im Landhaus von Freunden eines ausprobiere. Noch in derselben

Woche kaufe ich mir ein ähnliches Modell, ein Zenith Specialized mit Shimano-Gangschaltung. Die Funktionsweise der Gangschaltung schreibt sich umgehend in meine neuronalen Netzwerke ein. Ich gebe das schwarze Raleigh – verewigt auf der Titelseite der ersten Ausgabe der Zeitschrift *Uno Mismo* und täglich für die Fahrt in die Redaktion genutzt, bestimmt Hunderte von Malen – an Federico weiter, der sein Cross-Rad, ein rotes BMX Fiorenza, leid geworden ist und inzwischen ausreichend lange Beine für ein Erwachsenenfahrrad hat.

Damals in der Redaktion ...

Dieses Mountainbike überlebt alles. Einen Unfall mit meiner jüngsten Tochter Clara, die mit drei Jahren auf der Querstange sitzt, als sich ihre Zehen in den Vorderradspeichen verfangen, worauf wir beide über den Lenker fliegen. Die

Konsequenz: Pflaster und Narben. Es überlebt auch eine Honda Express, eine Leihgabe meiner Nichte Violeta, und es überlebt eine grüne, motorstarke Vespa 250 – der Traum meiner Kindheit.

Es überlebt sogar einen chinesischen 48-Kubik-Motor, den ich am Fahrradrahmen festschraube und schnell wieder abmontiere, weil das Fahrrad auf einmal kein Fahrrad mehr ist. Es überlebt den Tag, an dem ich es in einer Bar vergaß ... und die Verlockung, es gegen ein anderes auszutauschen. Ich liebe es wie einen alten Kampfgefährten.

Während ich dieses Buch schreibe, kann ich nicht aufhören, über die Vielfalt an Modellen zu staunen, die ich auf den Straßen von Buenos Aires sehe, und über die E-Bikes, die inzwischen alle größeren Autohersteller auf den Markt gebracht haben. Als Altersmarotte habe ich mir in den Kopf gesetzt, wieder ein klassisches englisches Rad zu fahren. Aber die, die ich in Argentinien und Uruguay im Internet finden kann, befinden sich nicht mehr im Originalzustand. Außerdem wollen ihre Besitzer sie als Antiquitäten verkaufen. Eines Morgens fällt mir ein, dass Ino Iaccarino, einer der Redakteure von *Uno Mismo*, ein ähnliches Fahrrad gekauft hatte wie ich, als wir die ersten Ausgaben der Zeitschrift herausbrachten. Ich rufe ihn an, um zu fragen, ob er es noch hat. Seine Antwort bereitet mir Gänsehaut. »Es wartet auf dich.« Ein 83er Roadmaster – was für ein Name –, dunkelgrün, Brooks-Sattel, Gangschaltung von Sturmey Archer und ein Dynamo an der Hinterachse – sogar die Originalaufkleber sind noch dran! Ich muss es nicht mal ölen, ehe ich losfahre.

»Wir kehren eben immer an dieselben Orte zurück«, sagt Jazmín, die sich gerade ein Rad mit einem Kindersitz hintendrauf gekauft hat. Mein erstes Enkelkind Manu, zu diesem Zeitpunkt zwei Jahre alt, fährt genauso in den Kindergarten und wieder nach Hause, wie früher schon seine Mutter zur Schule. Wenn ich sehe, wie Clara ihr blauweißes Canaglia hervorholt, um zur Arbeit zu fahren, oder wenn ich Fotos davon sehen, wie Brian und Kirsten zusammen durch Dänemark oder durch den Central Park in New York radeln, empfinde ich ähnliche Dinge, die ich nicht in Worte fassen kann …

Nichts. Nur das: dass selber Rad zu fahren und andere Menschen auf dem Fahrrad zu sehen diese Art von Freude in mir weckt.

EPILOG 2

Ein weltliches Zen

Ist es möglich, sich selbst als Zen-Praktizierenden zu betrachten, ohne für immer einem Meister zu folgen und diszipliniert im Rahmen einer Gemeinde zu praktizieren? Muss man in irgendeiner Form geweiht werden? Was bestimmt eigentlich darüber, ob man Zen-Buddhist ist oder nicht?

»Die Früchte reifen von selbst.«

[Bodhidharma]

Als ich sechzehn bin, lese ich Eugen Herrigels *Zen in der Kunst des Bogenschießens,* und die Erkenntnis trifft mich wie ein Faustschlag: Der Schüler muss auf den Schultern seines Lehrers stehen. Und wenn nötig, muss er den Lehrer sogar töten.

Dieselbe Botschaft höre ich auch den Beatnik-Dichter Allen Ginsberg in die Welt hinausschreien: Folgt niemandem. Krishnamurti, noch so jemand, den ich damals las, drückt es sogar noch kategorischer aus: »Sei dein eigener Meister.«

Aha! Mit anderen Worten ist alles, was man mir erzählt hat, vielleicht wahr, vielleicht aber auch nicht. Das Einzige, worauf ich mich verlassen kann, ist das, was aus mir selbst stammt. Das, was ich höre, wenn ich mir selbst lausche, und die Aufrichtigkeit, mit der ich mir antworte.

Die Rolle des Meisters *(roshi),* so wie ich sie verstehe, besteht darin, mir zu helfen, dieses Stimmchen in meinem Inneren zu hören, meine eigene Stimme, die den Worten vorausgeht. Der Stimme, die von Eltern, Lehrern, Kultur, Gruppierungen zum Schweigen gebracht wird … und von meinen Ängsten.

Mal abgesehen von der Wahrheit, die ich in diesen Botschaften erkennen kann, fällt es mir aber nach wie vor schwer zu begreifen, dass Buddhismus und Zen etwas sind, das aus dem Inneren nach außen gerichtet ist.

Trotz allem fühle ich mich dieser Familie von diesem Augenblick an zugehörig, ohne es recht erklären zu können.

Ich bin nur vier, fünf Mal in Zen-Meditationsräumen *(dojos)* gewesen. Ich habe mich niemals wohl damit gefühlt, eine schwarze Tunika zu tragen und den Raum von links betreten zu müssen. Meistern bin ich nur bei wenigen Gelegenheiten begegnet. Ich habe mich nie in ein Kloster zurückgezogen oder an irgendeiner Zeremonie teilgenommen. Mal habe ich in Gruppen meditiert, mal allein. Aber ich kann nicht von mir behaupten, ein Meditationsdiplom an der Wand hängen zu haben.

Ich habe großen Respekt vor allen, die in dieser Umgebung Platz für sich selbst finden oder schaffen können. Mehr noch als die Beharrlichkeit dieser Menschen schätze ich die Freundlichkeit, mit der sie handeln, und ich teile die Gelübde, die sie abgeben, wenn sie dort Zuflucht suchen: die Verbindung zu meiner eigenen Buddhaschaft wiederzuentdecken. Nicht zu lügen, zu stehlen oder zu töten. Das Leiden anderer als mein eigenes anzuerkennen … Mit den Jahren sind mir all diese Ideale in Fleisch und Blut übergegangen, sind zu einer Verpflichtung mir selbst gegenüber geworden.

Meine Beziehung zum Zen scheint in ganz anderen Bahnen zu verlaufen.

Es erleichtert mich, dass im Zen nicht von Gott gesprochen wird, sondern von Nicht-Dualität. Dinge und Wesen – ihrer aller Existenzen sind miteinander verknüpft und voneinander abhängig. Alles ist verbunden und Teil eines Ganzen, des Einen, Einzigartigen. Beschränkungen und dualistisches Denken sind Verstandesprodukte.

Im Zen werden uns keine Gottheiten angeboten, die wir anbeten könnten, und uns erwartet auch keine Belohnung im Jenseits wie in den Religionen. Im Zen wird zwar davon gesprochen, *satori* zu erlangen, es wird aber nicht gesagt, dass man das als Ziel betrachten müsse. Es geht darum, vor jeder Erfahrung zu erwachen. Zwischen Praktizieren und Erleuchtung besteht kein Unterschied.

Zen bietet keine Antworten. Es bringt uns dazu, unsere eigenen Antworten zu suchen, wenn auch ohne die Absicht, sie tatsächlich zu finden. Man sucht sie um des Suchens willen, ohne sich an ihnen festzuklammern.

Es gibt keine Reihe von Schritten oder Stufen, die wir absolvieren müssen. Vieles von dem, was wir lernen, besteht darin, Erlerntes wieder abzuschütteln: Modelle der Realitätswahrnehmung abzustreifen, die sich in Form von Vorurteilen in unseren Gedanken breitgemacht haben. Vorstellungen aufzugeben, die wir als definitiv betrachtet haben. Zuzulassen, dass unsere Leidenschaften von neuen Entdeckungen überrascht werden. Unsere Entscheidungen nicht allein auf Grundlage von Eindrücken oder Gefühlen zu treffen …

Ich persönlich habe mich immer schon vom nicht-moralisierenden, nicht gottergebenen, nicht missionierenden Charakter des Zens angezogen gefühlt. Ich bin noch nie einem Mönch oder Zen-Praktizierenden begegnet, der auch nur im Ansatz versucht hätte, mich zu irgendetwas zu bekehren. Die Wahrheit des Zens beinhaltet auch, all die Wahrheiten zu akzeptieren, die andere Leute haben könnten. Meine Wahrheit lautet, dies nicht zu vergessen.

Wenn jemand die Hände zusammenlegt und vor einer anderen Person oder einer Buddhafigur den Kopf neigt *(gassho)*, zollt er damit seiner eigenen Buddhaschaft und der seines Gegenübers Respekt: Der Buddha grüßt den Buddha.

In einigen Strömungen ist Zen gleichbedeutend mit *zazen*, dem disziplinierten Dasitzen im Schneidersitz und mit geschlossenen Augen, während man, versunken in tiefe Kontemplation, durch die korrekte Atmung und Haltung in einen Zustand der Leere, des Nichts einzutreten versucht. Doch in allen Strömungen wird vorausgesetzt, dass das *zazen* weitergeht oder erst wirklich beginnt, wenn man sich wieder von seinem Kissen erhebt.

Zazen ist eine Haltung, die alle Tätigkeiten im Leben durchdringt. Jeden Ort, jeden Augenblick. Das Zen ist immer da, ganz gleich, was wir tun. Alles kann eine Form von Zen – oder wie auch immer man es nennen möchte – sein. Am besten aber, man gibt ihm gar keinen Namen.

Im *Vimalakirti-Sutra* gibt es eine vielsagende Anekdote. Mehrere Praktizierende treffen sich, um sich über das Thema Leere auszutauschen. Nachdem sie alle ihre Interpretation geschildert haben, sagt der Bodhisattva Manjushri, Personifizierung der höchsten Weisheit, dass man in dem Augenblick, in dem man spricht, bereits einen Fehler begeht. Unter ihnen befindet sich auch ein praktizierender Laie, der sie schweigend beobachtet. Manjushri billigt sein Verhalten in, wie es im *Sutra* heißt, ohrenbetäubender Stille. Dieser Praktizierende hat mehr begriffen als alle anderen.

Damit *zazen* mehr sein kann als nur eine diskrete Meditationsform, die uns in der Anfangsphase lehrt, Körper und Geist zu verlassen, ist es natürlich wichtig, dass uns jemand die richtige Haltung und Einstellung beibringt – ein guter Freund mit Erfahrung, als der sich viele Lehrer auch betrachten.

Eine Reisebegleitung, ohne andere Ziele, versteckte Absichten oder Masken.

Ich denke an die Hand des Erwachsenen, der den Fahrradsattel des Kindes hält, das das Fahren lernen will.

Aber Zen zu erlernen, ist nicht zwingend gleichbedeutend damit, Mitglied einer Gruppe zu sein. Man wird kein wahrer Zen-Praktizierender, nur weil man Teil einer Gruppe oder Zen-Gemeinschaft ist. Oder weil man mit anderen ein Gefühl oder eine Überzeugung teilt. Es ist eine einzelgängerische Praktik, die aber mit anderen durchgeführt werden kann, in Form einer »Gemeinschaft der Eigenbrötler« (Giuseppe Jiso Forzani).

Zen gehorcht keinen hierarchischen Institutionen, und es begünstigt auch keine Machtstrukturen. Ein geweihter Mönch, ein Praktizierender und ein Außenstehender (ich will das Wort »Weltlicher« vermeiden, weil ich Zen nicht als Religion betrachte) sind gleichgestellt, weil sie alle nach demselben suchen: ihrer wahren Natur.

Seit Buddhas Zeiten haben zahllose Menschen seine Lehren und Regeln praktiziert – ohne dass sie einem Meister hätten folgen müssen, ohne dass sie geweiht wurden und ohne irgendeiner Glaubensgemeinschaft anzugehören. Ja, ohne das, was sie da tun, überhaupt als Zen zu bezeichnen.

Die Frage, ob sie Zen praktizieren oder nicht, stellt sich ihnen erst gar nicht. Sie erleben Zen in einem Zustand vollkommener Freiheit, ohne sich irgendetwas davon zu erwarten und ohne irgendjemandem außer sich selbst Rechenschaft schuldig zu sein.

Manchmal – als Radfahrer kennt man das genau – kann man dasselbe Ziel auf zwei parallelen Wegen erreichen. Zen lässt sich darin finden, eine Bogensehne loszulassen, eine Bambusflöte zu spielen oder eine Tasse Tee zu servieren.

Theoretisch ist ein Fahrradfahrer kein Zen-Praktizierender, aber das, was er tut, kann als Zen betrachtet werden. Und was sind wir schon, wenn nicht das, was wir tun?

Das, was »man« beim Radfahren jedes Mal erlebt.

Es gibt nicht den »einen« Buddhismus, nicht das eine Zen, nicht die eine Erklärung. Es gibt so viele, wie es persönliche Erfahrungen gibt. Von alldem, was du darüber hören oder lesen magst (dieses Buch inklusive), ist Zen genau das, was dir am meisten zusagt. Wenn dir die kleine Stimme in deinem

Kopf sagt, dass du diesen Radweg besser nicht nehmen und dafür lieber jene Richtung einschlagen solltest, dann wird das seinen Grund haben.

Umwege sind auch ein Teil des Weges.

Diese große Reise ist nichts anderes als die Wiedererlangung des ursprünglichen Geistes.

Ich ...

BIBLIOGRAFIE

Alexander, F. M.: *La resurrección del cuerpo.* Estaciones, Buenos Aires 1988.

Augé, Marc: *Elogio de la bicicleta.* Gedisa, Barcelona 2009. Auf Deutsch erschienen unter dem Titel *Lob des Fahrrads,* Verlag C. H. Beck, München 2017.

Baigorria, Osvaldo: *Buda y las religiones sin Dios.* Campo de las Ideas, Buenos Aires/Madrid 2002.

Brown, J. E.: »El arte de tiro con arco«, in: Ananda Coomaraswamy, *El simbolismo del tiro con arco*, herausgegeben von A. Olañeta editor, Mallorca 2007.

Bustamante, Jorge: *De cara al muro, presencia del Zen.* Lumen, Buenos Aires 1995.

Byrne, David: *Diarios de bicicleta.* Reservoir Books, Buenos Aires 2010. Auf Deutsch erschienen unter dem Titel *Bicycle Diaries. Ein Fahrrad, neun Metropolen.* S. Fischer Verlag, Frankfurt am Main 2016.

Chung-Liang Huang, Al: *La esencia del T'ai Chi.* Cuatro Vientos, Santiago de Chile 2006. Auf Deutsch erschienen unter dem Titel *Lebensschwung durch T'ai Chi,* Barth Verlag, München 1979.

Dürckheim, Karlfried Graf: *Hara, centro vital del hombre.* Ediciones El Mensajero, Bilbao 1987. Auf Deutsch erschienen unter dem Titel *Hara: Die energetische Mitte des Menschen.* Barth Verlag, München 2012.

Glassman, B., und Fields, R.: *Cocina Zen.* Cuatro Vientos, Santiago de Chile 1999.

Herrigel, Eugen: *Zen en el arco del tiro von arco*, edición ilustrada, mit einer Einführung von D. T. Suzuki, Anmerkungen von Juan Carlos Kreimer und Roberto Curto, Kier, Buenos Aires 1972. Deutsches Original, ursprünglich erschienen unter dem Titel *Zen in der Kunst des Bogenschießens*, Barth Verlag, München 2010.

Honoré, Carl: *Elogio de la lentitud*. Del Nuevo Extremo, Buenos Aires 2011. Auf Deutsch erschienen unter dem Titel *Slow Life*. Goldmann Verlag, München 2007.

McCluggage, Denise: *El esquiador centrado*. Cuatro Vientos, Santiago de Chile 1996.

Nachmanovitch, Stephen: *Free Play*. Paidós, Buenos Aires 2003. Auf Deutsch erschienen unter dem Titel *Free Play: Kreativität geschehen lassen*. Barth Verlag, München 2013.

Pirsig, Robert M.: *Zen y el arte de la mantención de la motocicleta*. Cuatro Vientos, Santiago de Chile 1997. Auf Deutsch erschienen unter dem Titel *Zen und die Kunst, ein Motorrad zu warten*. S. Fischer Verlag, Frankfurt am Main 1978.

Raymond, T.: *Sabi-wabi-Zen*. Visión Libros, Barcelona 1986.

Reps, Paul: *Carne Zen, huesos Zen, escritos Zen y pre-Zen*, Essayband. Estaciones, Buenos Aires 1997.

Suzuki, Daisetz T.: *La doctrina del inconsciente*. Kier, Buenos Aires 1994.

Suzuki, Daisetz T.: *El ámbito del Zen*. Kairós, Barcelona 2005.

Suzuku, Shunryu: *Mente Zen, mente de principiante*. Estaciones, Buenos Aires 2003. Auf Deutsch erschienen unter dem Titel *Zen-Geist, Anfänger-Geist: Unterweisungen in Zen-Meditationen*. Theseus Verlag, Bielefeld 2016.

Thich Nhat Hanh: *Momento presente, momento maravilloso*. Era naciente, Buenos Aires 1992.

Villalba, Dokusho: *¿Qué es el Zen? Introducción práctica al budismo Zen.* Miraguano Ediciones, Madrid 1984.

Watts, Alan: *Esto es Eso.* Kairós, Barcelona, 1993. Auf Deutsch erschienen unter dem Titel *Dies ist es und andere Essays über Zen und spirituelle Erfahrung.* Sphinx Verlag, Basel 1981.

Danksagung

Meine Mutter kam früher immer mit Taschen voller Einkäufe vom Markt zurück. Chía fuhr auf dem Rad zum Yoga. Meine Tochter Clara scheint meine Leidenschaft fürs Fahrradfahren geerbt zu haben. Román Ripol erzählte mir vom »Tun, ohne etwas zu tun«, Ricardo Benadón von der Verbindung Mensch-Fahrzeug. Gerardo Abboud war immer zur Stelle, um eventuelle Unsicherheiten in Buddhismusfragen zu beheben. Pancho Hunneus, Gustavo Ressia und Agustín Pániker veröffentlichten in ihren jeweiligen Verlagen Bücher, die mir die Augen öffneten. César Civita vertraute mir das Abrakadabra der Publizisten an: Bringe ein Fahrrad in der Erstausgabe jedes neuen Magazins unter. Gustavo Borenstein und Alberto & Ino Iaccarino ließen sich von meinem Enthusiasmus anstecken und sorgten für die nötige Infrastruktur, damit die Zeitschrift *Uno Mismo* monatlich erscheinen konnte. Héctor Pivernus und Cristina Grigna ließen mir die Ehre zuteil werden, eine Sonderausgabe von Eugen Herrigels *Zen in der Kunst des Bogenschießens* herauszubringen. Thich Nhat Hanh erlaubte mir, seine Bücher *Present Moment, Wonderful Moment* und *The Sun My Heart* ins Spanische zu übertragen. Ricardo Parada danke ich dafür, dass er aus »Misstrauen« Vertrauen werden ließ. Jorge Alberto erklärte mir, wie Bewegungen aus Ungleichgewicht entstehen und was für physikalische Gesetze wir sonst noch so benutzen, ohne es zu merken. Juan Manuel de los Reyes reparierte meinen zerschmetterten Ellenbogen. Jorge (Ryúnan) Bustamante lehrte mich, dass die Bedeutung von Praxis über alle theoretischen Ausführungen hinausgeht. Edgardo Werbin Brener deutete viele meiner Erlebnisse neu durch die Brille des Zens. Sebastián Donadío teilte großzügig seine technische Expertise mit mir, und dasselbe tat Bob Curto mit seinem umfassenden Wissen über Zen. Emilio Fernández Cicco befreite meinen Text von allen Künsteleien, damit sich das Buch selbst finden konnte. Meine Brüder Osvaldo und Eduardo und meine liebe Familie standen mir immer wie wahre Weggefährten zur Seite. Ohne sie alle wäre dieses Buch nicht, was es ist …

Juan Carlos Kreimer

ist ein argentinischer Journalist, Schriftsteller und Verleger der Gegenkultur. Er wurde 1944 geboren und erlernte das Fahrradfahren fast so früh, wie er seine ersten Schritte machte. Er ist in jeder Stadt, die er sein Zuhause genannt hat, mit dem Fahrrad gefahren: in Buenos Aires, wo er zur Welt kam, in New York, Paris, London und Rio de Janeiro, um nur einige Städte zu nennen. Jetzt, mit immerhin 77 Jahren, radelt er immer noch jeden Tag seine dreißig bis vierzig Kilometer. Seit 1982, als er seine Zen-Praxis aufnahm und regelmäßig zu meditieren begann, lebt er die starke Verbindung zwischen beiden Praktiken.

Seine Bücher über Rockmusik, *Beatles & Co.* (1968), *¡Agárrate!* (Festhalten!; 1970) und *Punk: La muerte joven* (Punk: Der junge Tod; 1978) waren die ersten spanischsprachigen dieses Genres. Einige Jahre später, 1982, gründete er die Zeitschrift *Uno Mismo* (Dasselbe) und war zwölf Jahre lang deren Herausgeber. Er ist auch Autor der Sachbücher *¿Cómo lo escribo?* (Wie schreibe ich das?), *Contracultura para principiantes* (Gegenkultur für Anfänger), *El varón sagrado* (Der heilige Mann) und

Rehacerse hombre (Ein Mann werden) sowie von fünf Romanen: *Todos lo sabíamos* (Wir alle wussten es), *El río y el mar* (Der Fluss und das Meer), *¿Quién lo hará posible?* (Wer macht es möglich?), *Prosa cannibal* (Kannibalen-Prosa) und *De ninguna parte* (Aus dem Nichts). Außerdem adaptierte er zwei Romane zu Comics: David Viñas' *Los dueños de la tierra* (Die Landbesitzer) und Albert Camus' *Der Fremde*. Seit 1995 ist er Herausgeber der Reihe *Para Principiantes* (Für Anfänger) des Verlags Era Naciente und der Comicbuchsparte bei Ediciones de la flor. Bei Penguin Random House in den USA erschien zuletzt sein Buch *The Now in Action*.

Juan Carlos spricht Englisch und ist per eMail erreichbar unter bicizenjck@gmail.com.

Whitley & Anne Strieber
DIE SEELE IM JENSEITS
Erleuchtung geschieht, wenn von uns nichts als Liebe übrig ist
288 Seiten, gebunden, oranges Leseband
€ [D] 22,99 • € [A] 23,70 • ISBN 978-3-95447-358-8

Lebt unsere Seele nach dem Tod weiter? Als Anne Strieber starb, wollte sie dies ihrem geliebten Ehemann Whitley beweisen. Dazu folgte sie einem gemeinsamen Plan. Wer zuerst stirbt, kontaktiert den anderen zunächst nicht direkt, sondern über Freunde. Was daraus entstand, ist so überzeugend, dass der berühmte Jenseitsforscher Dr. Gary Schwartz dieses Buch als einen der besten existierenden Beweise für Jenseits-Kommunikation nach dem Tod bezeichnet.

»Was für ein spirituelles Juwel. Ich kann es nur wärmstens empfehlen.« – Pavlina Klemm

David Spangler
Techno-Elementale: Beseelte Technik
Warum wir mit unserem Auto reden können und unser Smartphone ein spirituelles Werkzeug ist
224 Seiten, gebunden, oranges Leseband
€ [D] 22,99 • € [A] 23,70 • ISBN 978-3-95447-425-7

Techno-Elementale sind feinstoffliche Wesen, die sich an der Technologie der Menschen ausrichten. Sie beleben Maschinen und Computer. Die Auswirkungen auf uns und die Gefahren und Chancen, die vor uns liegen, sind Thema dieses Buches. Um Techno-Elementale zu verstehen, müssen wir feinstoffliche Wesen als lebende Organismen sehen. Dabei werden wir in die Realität der uns umgebenden nicht-physischen Welt eingeführt.

David Spangler war Co-Direktor der berühmten Findhorn Foundation in Schottland.

Dean Koontz
TRIXIE
Ein Golden Retriever verändert mein Leben
272 Seiten, gebunden, oranges Leseband
€ [D] 24,99 / € [A] 25,70 • ISBN 978-3-95447-325-0

Trixie, ein ehemaliger Assistenzhund, verwandelte das Leben des Ehepaars Koontz. Erfahrungen mit Engeln, Reinkarnation, das Gespür für das Wunderbare und spirituelle Wahrheiten stellten sich ein, als sie in ihre Familie kam. Dean Koontz zeigt sein ganzes erzählerisches Können in diesem zutiefst anrührenden Buch über Liebe und Verlust.

»Mir kannst du nichts vormachen.
In Wahrheit bist du ein Engel.«

Alle Bücher auch als eBooks auf www.AmraVerlag.de

»Mehr als ein Buch – ein Portal, ein Transportsystem, ein Umordnen des Geistes. Und lustig ist Gary auch noch!«
– H. Ronald Hulnick

Gary R. Renard
Als Jesus und Buddha sich kannten
Bericht über zwei mächtige Weggefährten
320 Seiten, gebunden, oranges Leseband
€ (D) 24,99 / € (A) 25,70 • ISBN 978-3-95447-246-8

Die Aufgestiegenen Meister Arten und Pursah sind zurück. Ihr neues Buch ergänzt die ursprüngliche Trilogie, bestehend aus *Die Illusion des Universums*, *Deine unsterbliche Realität* und *Die Liebe vergisst niemanden*. Es erkundet sechs Inkarnationen von Jesus und Buddha, in denen sie gemeinsam lebten.

Nie waren ihre Gespräche über die Realität des Lebens so relevant für die Gegenwart.

TOP SELLER

Jeff Eisenberg
Kämpfen im Geiste Buddhas
Wie man anderen (nicht) in den Hintern tritt und durch Kampfkunst die Welt rettet
208 Seiten, gebunden, oranges Leseband
€ [D] 19,99 / € [A] 20,60 • ISBN 978-3-95447-345-8

Können wir gleichzeitig Kampfsportler und Buddhisten sein? Können sich diese Praktiken in Achtsamkeit tatsächlich ergänzen? Wie bringen wir buddhistische Konzepte wie Gewaltlosigkeit mit einer Kampfpraxis wie Judo, Karate oder Jiu Jitsu in Einklang? Ein wilder, respektloser Blick in die buddhistische Welt und die Welt der Kampfkünste – geeignet für unsere Neue Zeit.

Mit autobiografischen Anekdoten und Kampfstrategien des langjährigen Kampfkunstlehrers.

Gabriel Magma
Verlierer auf Erden, Gewinner im Himmel
Warum mein katastrophales Leben in Wahrheit extrem erfolgreich war (und was es mit der Inkarnation wirklich auf sich hat)
176 Seiten, Paperback im Hardcover-Format
€ [D] 14,99 / € [A] 15,50 • ISBN 978-3-95447-273-4

Gescheiterte Ehe und gescheiterte Karriere, keine Beziehung zum eigenen Kind, verkrachtes Elternhaus ... Matt lebt ein völliges Chaos und übersteht kaum als Musiker in der Liverpooler U-Bahn, wo er im Alter von 27 Jahren ermordet wird. Doch dann begegnet er seinem Schutzengel und seiner Seele, und es eröffnet sich ihm ein völlig neuer Blick auf seine vermeintlichen Fehltritte.

»Lass dich durch die Lichtwelt führen!«
Vorwort von Pavlina Klemm

Alle Bücher auch als eBooks auf www.AmraVerlag.de

Pavlina Klemm
Heilsymbole & Zahlenreihen
Arbeitsbuch der Plejadenheilung
192 Seiten, gebunden, oranges Leseband
€ [D] 22,– • € [A] 22,70 • ISBN 978-3-95447-448-6

Vom Aufbau des lichtvollen Schutzes bis zum Segen für dich selbst und andere, vom Vergebungsritual über die Heilsymbole und Zahlenreihen bis zur Durchlichtung der Chakren, der Kontaktaufnahme mit deiner Familie im Licht und der energetischen Unterstützung deines Herzorgans ... Dieses Buch enthält das gesamte Arbeitsmaterial aus den bisherigen Plejadenbüchern und Pavlina Klemms Workshops.

»Die kosmischen Lichtimpulse können den Geist des Menschen jetzt endlich heilen!« – *Die Plejader*

Ob in München, Frankfurt, Basel oder Prag, Wien oder Hamburg ...

Pavlinas Wochenend-Workshops sind legendär. Tausende von Teilnehmern kamen schon in den Genuss der Plejadenheilung. Jetzt gibt es die gechannelten Meditationen, gesprochen von Pavlina selbst, endlich auch auf CD.

Je 78 Minuten • Jewelcase • ausfaltbares Booklet • pro CD 22 € / 33 CHF

Befreiung der Thymusdrüse. Entfernung von Implantaten, Rückerlangung der weiblichen Kraft, Reinigung der Chakren, Aufbau und Integration positiver Frequenzen. Wiederanbindung an die DNA, Heilung verlorener Seelenanteile. Programmierung deiner Kristalle. Schutz, Erdung und vieles andere mehr ...

Workshop-CDs von Pavlina Klemm!

Nicht im Handel erhältlich, *nur* auf www.AmraVerlag.de

Hotline: +49 (0) 6181-189392
Service: Info@AmraVerlag.de

AMRA Verlag, Auf der Reitbahn 8
63452 Hanau, Deutschland

Deutschland & Österreich ab 18 € versandkostenfrei!

Pavlina Klemm
Lichtbotschaften von den Plejaden Band 6
Leben in der fünften Dimension
224 Seiten, gebunden, oranges Leseband
€ [D] 19,99 • € [A] 20,60 • ISBN 978-3-95447-444-8

Die Plejader unterstützen uns im Kampf gegen Viren, binden uns an die Kraft der Sonne an, fördern den Lichtkörperprozess, führen uns in neue Zeitlinien und schaffen die Voraussetzung für den Einstieg in die Realität der Neuen Erde. Auch die aktuellen Botschaften enthalten wieder zahlreiche Übungen, aufgeladen mit positiver Energie. Ergänzt werden sie durch Meditationen zur Rückkehr unserer Gesundheit.

»Wir reinigen jetzt diese Realität. Wir gehen Schritt für Schritt mit euch voran.« – *Die Plejader*

mit Heilsymbol

Jetzt auch als Hörbuch-CD

Pavlina Klemm
Lichtbotschaften von den Plejaden Band 5
Dein Schlüssel zum Goldenen Zeitalter
224 Seiten, gebunden, oranges Leseband
€ [D] 19,99 / € [A] 20,60 • ISBN 978-3-95447-367-0

Das Bewusstsein der Menschheit wächst. Unaufhaltsam nähert sie sich dem Goldenen Zeitalter an. Eine Elite von Lichtwesen hilft bei der Realisierung und bei der Rettung unseres Planeten. Sie hat sich unter uns verteilt, weniger feinstofflich, so dass sie auch in Konfliktbereiche gehen können. Sie verbinden sich mit dem Licht und dehnen es in alle Dimensionen, Räume und Zeiten aus.

Vorwort von Jeanne Ruland

Pavlina Klemm & Sayama:
Übungs-CDs der Plejader

Heilung durch die kosmische Energie der Zentralsonne (CD 7)
78 Min; € [D/A] 19,99 • ISBN 978-3-95447-447-9

Meditationen und Übungen für das Goldene Zeitalter (CD 6)
78 Min; € [D/A] 19,99 • ISBN 978-3-95447-369-4

Rückholung verlorener Seelenanteile und Heilung von Mutter & Kind (CD 5)
78 Min; € [D/A] 19,99 • ISBN 978-3-95447-366-3

Klangmeditation zur Wiederanbindung der DNA-Stränge [Reiner Klang]
70 Min.; € [D/A] 19,95 • ISBN 978-3-95447-332-8

Hörproben aller CDs auf www.AmraVerlag.de

Transformation gemeinsam erleben
Die Doppel-DVD zum 1. Deutschen Channeling Kongress

Alle Auftritte aller Referenten & Event-Bericht
Unfassbare 6 Stunden 26 Minuten Laufzeit

AMRA Verlag • Wendecover • € 24,99 • ISBN 978-3-95447-404-02

Auf diesem Kongress in Taufkirchen bei München kamen erstmals **die besten Channelmedien Deutschlands** zusammen, um die transformativen Energien der geistigen Welt zu vereinen. Alle Teilnehmer hatten zwei Tage lang die Möglichkeit, sich anzubinden und stärkende Hilfsmittel zu erhalten. Wenn wir uns als Zuschauer jetzt bei diesen Aufnahmen anbinden, können wir die sich entfaltende positive Heilenergie erfahren und wirken lassen.

Erleben Sie das Plejaden-Medium **Pavlina Klemm**, begleitet von Klangheiler **Sayama**, und **Kerstin Simoné**, die Thoth den Atlanter channelt. Schauspielerin **Sylvia Leifheit** beschreibt die Reise der Seele. **Christine Woydt**, musikalisch unterstützt von **Dennis O'Neill**, empfängt medial Übungen von Saint Germain. **Peter Herrmann** berichtet über Lichtphotonen und den Wechsel der Zeitlinien. Bei einer Talkrunde, moderiert von **Thomas Schmelzer**, sprechen **Varda Hasselmann**, **Bettina Büx** und **Siglinda Oppelt** über die praktische Arbeit eines Channelmediums. Und vieles mehr …

Seien Sie von Anfang an dabei!

Versandkostenfrei erhältlich beim AMRA Verlag, Michael Nagula, Auf der Reitbahn 8, D-63452 Hanau
Kunden-Telefon: +49 (0) 61 81 – 18 93 92 • Service: Info@AmraVerlag.de • www.AmraVerlag.de

Als Geschenk erhalten Sie auf Wunsch gratis eine 80-Minuten-CD mit 16 ausgespielten Musikstücken bekannter Künstler.